D1719538

Lindauer Beiträge zur Psychotherapie und Psychosomatik
Herausgegeben von Michael Ermann

Ursula Gast
Pascal Wabnitz

Dissoziative Störungen erkennen und behandeln

2., aktualisierte Auflage

Verlag W. Kohlhammer

Dieses Buch stellt eine grundlegend überarbeitete und erweiterte Fassung der Vorlesungen dar, die der Autoren zum gleichen Thema im Rahmen der Lindauer Psychotherapiewochen 2010 gehalten haben. Unter www.auditorium-netzwerk.¬ de ist eine Übersicht aller Aufnahmen der Lindauer Psychotherapiewochen einzusehen, die unter audionetz@aol.com angefordert werden kann.

2. Auflage 2017

Alle Rechte vorbehalten
© W. Kohlhammer GmbH, Stuttgart
Gesamtherstellung: W. Kohlhammer GmbH, Stuttgart

Print:
ISBN 978-3-17-030240-2

E-Book-Formate:
pdf: ISBN 978-3-17-030241-9
epub: ISBN 978-3-17-030242-6
mobi: ISBN 978-3-17-030243-3

Für Jan Felix und Bernhard Julien
(U.G.)

Für Lisa
(P.W.)

Sind so kleine Hände
winzge Finger dran
Darf man nie drauf schlagen
die zerbrechen dann

Sind so kleine Füße
mit so kleinen Zehn
Darf man nie drauf treten
könn' sie sonst nicht gehen

Sind so kleine Ohren
scharf – und ihr erlaubt
darf man nie zerbrüllen
werden davon taub

Sind so schöne Münder
sprechen alles aus
darf man nie verbieten
kommt sonst nichts mehr raus

Sind so klare Augen
die noch alles sehn
darf man nie verbinden
könn' sie nichts verstehn

Sind so kleine Seelen
offen und ganz frei
Darf man niemals quälen
gehn kaputt dabei

Ist son kleines Rückgrat
sieht man fast noch nicht
darf man niemals beugen
weil es sonst zerbricht

Grade klare Menschen
Wär'n ein schönes Ziel
Leute ohne Rückgrat
habn wir schon zu viel

(Bettina Wegner)

Inhalt

Vorwort

Dieses Buch wendet sich an alle, die Menschen mit Folgen von Gewalterfahrungen in der Kindheit begleiten. Es ist für Psychiater, Psychotherapeuten und alle Angehörigen psychosozialer Berufe geschrieben. Es hat zum Ziel, Sie als Leser für dissoziative Symptome und Störungen zu sensibilisieren. Die Grundlage für dieses Buch bildet unsere Vorlesung zum Thema »Dissoziative Störungen« auf den Lindauer Psychotherapiewochen 2010. Der Anregung zur Publikation kamen wir gerne nach. Denn dissoziative Störungen gehören – nach den posttraumatischen Belastungsstörungen – mit zu den häufigsten Traumafolgeerkrankungen.[1] Sie werden im Bericht des Runden Tisch zum Thema »Sexueller Kindesmissbrauch« ausdrücklich als mögliche Traumafolge erwähnt.[2] Gleichwohl werden sie bislang oft übersehen oder fehlgedeutet und finden in der Behandlung zu wenig Beachtung.[3]

In den letzten Jahren wurde erstmals in breiter Öffentlichkeit darüber diskutiert, dass seelische, körperliche und sexuelle Gewalt gegen Kinder hierzulande keine Seltenheit ist – weder in öffentlichen Einrichtungen noch in Familien. Die Bundesregierung benannte unabhängige Beauftragte (Christine Bergmann und Johannes-Wilhelm Rörig) und ließ den »runden Tisch« zu diesem Thema einrichten. Dieser hatte zum Ziel, »Bedingungen zu schaffen für eine Kultur des Hinsehens und Eingreifens«[4]. Er rief Betroffene dazu auf, über den Missbrauch zu sprechen und sich damit von der Macht der Täter –

---

1 Flatten et al. (2013), S. 38
2 Bergmann (2011), S. 31
3 Positionspapier der Deutschsprachigen Gesellschaft für Psychotraumatologie (2013)
4 Abschlussbericht »Runder Tisch« (2011), S. 3

11

versinnbildlicht durch eine übermächtige Hand, die den Mund zuhält – zu befreien (▶ Abb. 1).

Der »Runde Tisch« beschreibt in seinem Bericht, dass »sexueller Missbrauch von Kindern …, ebenso wie Vernachlässigung und Misshandlung, (nicht nur in der Gesellschaft, sondern) auch in der Wissenschaft vielfach ein Tabuthema« ist.[5]

Ein solches Tabu wurde bereits von Judith Hermann in ihrem Klassiker »Narben der Gewalt« beschrieben. Sie spricht von der zentralen Dialektik des psychischen Traumas, vom »Konflikt zwischen dem Wunsch, schreckliche Ereignisse zu verleugnen, und dem Wunsch, sie laut auszusprechen«[6]. Auch die Gesellschaft und mit ihr die Wissenschaft sind in diesen Konflikt verhaftet und verwickelt. Eine Ent-Wicklung kann nur gelingen, wenn der Konflikt und seine Auswirkungen immer wieder thematisiert werden. Denn »um dem Stigma von kindlicher Gewalterfahrung wirksam zu begegnen, muss es bekannt sein«[7]. Wir Autoren gehen davon aus, dass die Dynamik dieses Konfliktes bei dissoziativen Störungen in besonderer Weise am Werke ist. Dies gilt vor allem für die Dissoziative Identitätsstörung (DIS). Sie stößt bis heute auf professionelle Skepsis und Voreingenommenheit, die der wissenschaftlichen Faktenlage nicht gerecht wird.[8] Die Akzeptanz dieser Diagnose ist jedoch Voraussetzung dafür, dass Menschen mit DIS von den bestehenden therapeutischen Möglichkeiten profitieren können. Und dass sie Vertrauen schöpfen können, um über ihre erlittenen Traumatisierungen zu sprechen (▶ Abb. 2).

Im vorliegenden Buch soll das gesamte Spektrum von Dissoziation dargestellt werden, doch liegt aus den oben geschilderten Gründen der Schwerpunkt auf der Beschreibung der DIS. Wir wollen damit einen Beitrag leisten, um auch in der medizinischen und psychotherapeutischen Versorgung Bedingungen für eine Kultur des Hinsehens und Eingreifens zu verbessern.

Nach unserer Lindau-Vorlesung erschienen weitere wichtige Publikationen, die wir mitberücksichtigt haben. Dies gilt insbesondere für die

---

5   ebenda, S. 24, Ergänzungen in Klammern von U.G.
6   Hermann (1992/2006), S. 1/9
7   Schomerus (2013)
8   Brand et al. (2016), zu »Mythen versus Fakten zur Dissoziativen Identitätsstörung« ▶ Kap. 1.4, S. 29

aktualisierten Guidelines der International Society for the Study of Trauma and Dissociation, deren deutsche Übersetzung inzwischen auch als Expertenempfehlungen vorliegt.[9, 10] Zudem erschien das erste Manual zur Behandlung dissoziativer Störungen von Boon, Steele und Van der Hart mit dem Titel »Traumabedingte Dissoziation bewältigen«, das ein »hilfreiches Skills-Training für Klienten und ihre Therapeuten« bereithält.[11] Schließlich wurde eine neue und umfassende Definition zur Dissoziation der Persönlichkeit bei Trauma von Nijenhuis und Van der Hart vorgestellt, an der wir uns hier vorrangig orientieren.[12]

Unser Buch ist den Vorlesungseinheiten entsprechend aus fünf Kapiteln aufgebaut. Jedes kann für sich gelesen werden, zumal wir immer wieder Querverweise eingebaut haben. Wir schildern in Kapitel 1, wie das Konzept der Dissoziation vom Gründungsvater Pierre Janet beschrieben wurde und sich – bei wechselhafter und bewegter Geschichte – bis heute ausdifferenziert hat. Hierbei gehen wir ausführlicher auf das Konzept der Strukturellen Dissoziation ein, ebenso auf die Fehlannahmen und Mythen, die das Krankheitsbild der DIS umgeben. In Kapitel 2 schildern wir, wie sich die verschiedenen dissoziativen Störungen zurzeit in den offiziellen Manualen (noch recht uneinheitlich) abbilden und wie sich eine einheitliche Definition und Weiterentwicklung gestalten könnte. Wir stellen zudem dar, dass es sich bei dissoziativen Störungen um häufige Erkrankungen handelt, in der Prävalenz vergleichbar mit Schizophrenie oder Borderline-Persönlichkeitsstörungen, dass sie aber bislang oft zu spät und unzureichend diagnostiziert werden. Wir veranschaulichen in Kapitel 3, wie das klinische Augenmerk früher auf dissoziative Störungen gelenkt werden und mehr Sicherheit in der Diagnostik und Differentialdiagnostik gewonnen werden kann. Schließlich geben wir in Kapitel 4 einen orientierenden Überblick zur Behandlung und beschreiben abschließend in Kapitel 5 mögliche Schwierigkeiten und Fallstricke. Auch hier legen wir den Schwerpunkt auf die Therapie der Dissoziativen Identitätsstörung und ihrer Subform, weil bei diesen Krankheitsbildern bislang eine große klinische Unsicherheit vorliegt – gleichzeitig aber auch

---

9 International Society for the Study of Trauma and Dissociation (2011)
10 Deutsche Bearbeitung Gast & Wirtz (2016)
11 Boon, Steele & Van der Hart (2011/2013)
12 Nijenhuis & Van der Hart (2011)

ein wichtiges Potential zur weiteren Verbesserung in der psychiatrischen und psychotherapeutischen Versorgung besteht.

Wir danken allen Kolleginnen und Kollegen in der Vorlesung in Lindau, deren Fragen, Rückmeldungen und Diskussionsbeiträge zur Entstehung dieses Buches mit ermutigt haben. Wir danken insbesondere Professor Michael Ermann für seine Anregung zu dieser Ausgabe und Ulrike Albrecht und Celestina Filbrandt für ihre verlegerische Betreuung.

Vor allem aber danken wir den Patientinnen und Patienten, die uns ihr Vertrauen geschenkt haben, uns an ihrem Erleben teilhaben ließen und lassen und uns zudem gestattet haben, in Lindau und in diesem Buch darüber zu berichten.

Ursula Gast
Pascal Wabnitz

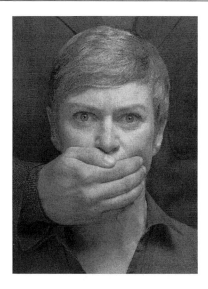

Abb. 1: Motiv der Kampagne »Sprechen hilft« der damaligen Unabhängigen Beauftragten zur Aufarbeitung des sexuellen Kindesmissbrauchs, Dr. Christine Bergmann. Aktuelle Informationen zum Missbrauchsbeauftragten der Bundesregierung finden Sie unter www.beauftragter-¬ missbrauch.de (siehe auch S. 162 mit Hinweisen zum www.hilfeportal-¬ missbrauch.de).

Abb. 2: Wie Frau P. ergeht es vielen Patientinnen mit dissoziativen Störungen: Sie können nicht spontan über ihre erlittenen Traumatisierungen sprechen, sondern »sprechen« durch die Symptome.

1 Was ist Dissoziation?

Dissoziation bedeutet im allgemeinen Sinne Trennung, Teilung, Spaltung, Zerfall – im Gegenteil von Assoziation, was Verbindung und Verknüpfung bedeutet. Dissoziative Störungen zeichnen sich dadurch aus, dass mehr oder weniger grundlegende Verbindungen und Verknüpfungen im psychischen Funktionieren unterbrochen und/oder gestört sind. Dies betrifft die »Integration von Bewusstsein, Gedächtnis, Identität, Emotionen, Wahrnehmung, Körperbild, Kontrolle motorischer Funktionen und Verhalten ... Symptome können potentiell jeden Bereich psychischen Funktionierens beeinträchtigen«.[13] Dissoziative Störungen treten häufig in der Nachwirkung traumatischer Erlebnisse auf. Viele der Symptome, einschließlich Gefühle der Beschämung und Verwirrtheit über das Auftreten der Symptome oder dem Wunsch, sie zu verbergen, werden durch die Nähe zum Trauma beeinflusst.[14] Eine traumatische Bedrohung kann eine Dissoziation der Persönlichkeit als Gesamtsystem hervorrufen.[15] Die Persönlichkeit eines Menschen setzt sich nämlich aus verschiedenen emotionalen Systemen zusammen, wie dies sehr unterhaltsam und anschaulich in dem Animationsfilm »Alles steht Kopf« beschrieben wird. In der Regel gelingt im Laufe der kindlichen Entwicklung eine ausreichende Integration dieser Systeme, sie kann jedoch – angesichts schwerer Belastungen, insbesondere in Form von Gewalt – auch scheitern oder wieder zerbrechen. Unter Einbeziehung sowohl traditioneller Dissoziationskonzepte als auch moderner Emotions- und Motivationsforschung formulieren van der Hart et al.[15,16] und Nijenhuis et al.[17] folgende Kurzdefinition (ausführlicher ▸ Kap. 1.6.2):

---

13 APA 2013; Falkai & Wittchen (2015), S. 397
14 Ebd.
15 Van der Haart, Nijenhuis & Steele (2006/2008)

17

> Dissoziation aufgrund von Traumatisierungen beinhaltet eine Teilung der Persönlichkeit des Individuums, d. h. des gesamten dynamischen biopsychosozialen Systems, das die charakteristischen mentalen und verhaltensmäßigen Handlungen des Individuums bestimmt.

Dissoziation im psychischen Bereich bedeutet also eine mehr oder weniger schwerwiegende innere Teilung oder Aufspaltung der Persönlichkeit durch traumatische Lebensereignisse. Die Schwere und Komplexität der Teilung ist dabei von der Art, Schwere und Häufigkeit des Traumas abhängig, und vor allem auch vom Alter und dem damit verbundenen psychischen Entwicklungsstand des betroffenen Menschen.

1.1 Dissoziation der Persönlichkeit bei Trauma

Die Dissoziation der Persönlichkeit erfolgt dabei nicht willkürlich und zufällig, sondern an biologisch vorgegebenen Sollbruchstellen – diese sind im Kindesalter sehr viel sensibler als im Erwachsenenalter.[16] Deshalb führen traumatische Erfahrungen in der Kindheit auch zu sehr viel komplexeren und tiefer greifenden Aufspaltungen als im Erwachsenenalter. Die Sollbruchstellen in der Persönlichkeit der Menschen befinden sich als eine Art Spalten zwischen den verschiedenen biologisch verankerten Systemen, die der Bedürfnisbefriedigung oder Überlebenssicherung dienen. Bei günstigen Lebensbedingungen verbinden und vernetzen sich im Laufe der Entwicklung die verschiedenen Systeme und Subsysteme miteinander – eine wichtige Voraussetzung für ein subjektives Gefühl von Einheitlichkeit oder Konsistenz im Identitätserleben. Belastende oder traumatische Lebensereignisse, insbesondere in der Kindheit, können diese Vernetzung behindern oder unmöglich machen. So können sich verschiedene abgespaltene Subsysteme der Persönlichkeit autonom entwickeln und eine Art Eigenleben führen, die dem Alltags-

---

16 Van der Hart, Nijenhuis & Steele (2006/2008)

bewusstsein nicht ausreichend zugänglich sind. Zudem können bereits geknüpfte Vernetzungen zwischen den Systemen durch traumatische Ereignisse im Erwachsenenalter wieder zerreißen. Auch hier entstehen dann Aufteilungen der Persönlichkeit, die dann allerdings weniger tiefgreifend voneinander getrennt sind. Charakteristisch ist bei diesen Aufteilungen, dass jeder Anteil der Persönlichkeit eine eigene, vom anderen Anteil unterschiedliche Ich-Perspektive besitzt. Diese kann nur rudimentär, aber auch sehr differenziert ausgestaltet vorliegen. Letzteres ist insbesondere bei den durch frühe Traumatisierungen im Kindesalter erzeugten Aufspaltungen der Fall.

Phänomenologisch zeigt sich die Aufteilung der Persönlichkeit in dissoziativen Symptomen, die als negativ (Funktionsverluste wie Amnesie oder Paralyse) oder positiv (Intrusionen wie Flashbacks oder Stimmenhören), als psychoform (Symptome wie Amnesie oder Stimmenhören) oder somatoform (Symptome wie Anästhesie oder Ticks) kategorisiert werden können.[17]

1.1.1 Dissoziationskonzept im Wandel: Von den Gründungsvätern bis heute

Die Tatsache, dass Menschen eine gespaltene Persönlichkeit aufweisen können, hat man zunächst an solchen Fällen entdeckt, die sehr spektakuläre Dissoziationen aufwiesen. Die damaligen Fallbeschreibungen von extremer Dissoziation waren Sigmund Freud[18,19] und Piere Janet[20] gleichermaßen bekannt.[21] Sie flossen in deren Theorien mit ein, wenn auch mit sehr unterschiedlichen Schlussfolgerungen. Während Janet mit Dissoziation eine Struktur bzw. Organisationsform der Persönlichkeit beschreibt, interpretiert Freud Dissoziation als Abwehr.[22] Durch den Aufschwung der Psychoanalyse sowie des Konzepts der Schizophrenie (Bleuler)[23] geriet

---

17 Nijenhuis & van der Hart (2011)
18 Freud (1912)
19 Freud (1975)
20 Janet (1989)
21 Van der Hart, Nijenhuis & Steele (2008), S. 26f
22 Herman (2006), Kapitel 1
23 Bleuler (1927)

die Theorie der Dissoziation zunächst in Vergessenheit.[24] Erst mit dem Erstarken der Psychotraumatologie in den 70er Jahren kam es in der Psychiatrie zu einer Neubesinnung auf die Dissoziationsforschung von Janet. 1980 wurden die dissoziativen Störungen in das DSM-III[25] aufgenommen und entwickelten sich seither zu einem wichtigen Thema in der Psychiatrie, Psychologie und Psychotherapie. Allerdings haben sich die Definitionen in den Manualen von der ursprünglichen Idee Janets, dass mit Dissoziation die Spaltung der Persönlichkeit gemeint ist, entfernt, was zu einer zunehmenden definitorischen Unschärfe führte.[26]

Die Arbeitsgruppe um Nijenhuis, Van der Hart und Steele[27, 28] bringt mit dem Wiederanknüpfen an Janet hierüber neue Orientierung. Unter Einbeziehung aktueller Erkenntnisse zu Persönlichkeit und Bewusstsein entwickeln sie das Modell der Strukturellen Dissoziation, so wie wir es oben bereits sehr vereinfacht skizziert haben. Sie formulieren zudem eine neue, umfassende Definition, wobei die Dissoziation der Persönlichkeit das zentrale Kernmerkmal eines Traumas darstellt. Vor dieser Matrix bieten sie eine Neuordnung traumabezogener Diagnosen an (▶ Kap. 1.5), die sich an der Komplexität der Aufspaltung orientiert. Das Konzept der Strukturellen Dissoziation rundet die Wiederentdeckung des Dissoziationskonzeptes insofern ab, als es den Bogen zu den Gründungsvätern spannt und ihre Theorien mit den neuen Erkenntnissen der Hirnforschung untermauert. Diesen Bogen – von der Entdeckung der Aufspaltung der Persönlichkeit von den Pionieren der Dissoziationsforschung zur Wiederentdeckung ihres Konzeptes, bei der die konzeptionelle Klarheit zunächst verloren ging und sich nun neu herausschält, – wollen wir in diesem und dem folgenden Kapitel nachzeichnen. Wir beginnen mit einem geschichtlichen Rückblick.

---

24 Putnam (2006)
25 American Psychiatric Association (1980)
26 Van der Hart, Nijenhuis, Steele & Brown (2004)
27 Nijenhuis, Van der Hart & Steele (2003)
28 Van der Hart, Nijenhuis & Steele (2006)

1.1.2 Multiple Persönlichkeit – ein traditionelles psychiatrisches Krankheitsbild

Erste Fallbeschreibungen von Dissoziation der Persönlichkeit reichen bis in Zeit der Aufklärung zurück, als sich die Psychiatrie als Wissenschaft etablierte. Dissoziative Phänomene und Veränderung von Persönlichkeit durch Trance und Besessenheit lassen sich allerdings bis in die primitiven Heilkünste der Schamanen zurückverfolgen. Sie wurden mit dem Konzept der dämonischen Besessenheit erklärt, das über viele Jahrhunderte das westliche Denken dominierte. Mit dem Entstehen der Psychiatrie als Wissenschaft wurde »Besessenheit« jedoch nicht mehr als Erklärung für störendes oder auffälliges Verhalten akzepiert – gleichzeitig wurden die ersten Fälle Multipler Persönlichkeit diagnostiziert.[29] Eine Falldarstellung über eine »ausgetauschte Persönlichkeit« wurde 1791 von Gmelin in Tübingen publiziert, in der er eine 20-jährige Frau beschrieb, die plötzlich wie ausgewechselt in ihrem Persönlichkeitsverhalten wirkte, perfekt französisch sprach und wie eine Aristokratin auftrat. Als »deutsche Persönlichkeit« war sie amnestisch für das, was sie in ihrem »französischen Zustand« erlebt hatte. Weitere frühe Beispiele sind die Falldarstellungen über Mary Reynolds[30] sowie die detailreiche Beschreibung über die Behandlung von Estelle,[31] einem 11-jährigen Schweizer Mädchen, das verschiedene Ich-Zustände aufwies.

1.1.3 Janet und seine Zeitgenossen

Auch der französischen Psychiater Pierre Janet (1859–1974) berichtete über eine Reihe verschiedener Fälle von dissoziierter Persönlichkeit, mit denen er zum Teil sehr intensiv therapeutisch arbeitete.[32] Er beobachtete bei seinen Patientinnen und Patienten, dass sich bestimmte umschriebene Verhaltensweisen oder Erinnerungen durch psychisch sehr belastende und traumatische Lebenssituationen ihrer bewussten Kontrolle entzogen und als »fixe Ideen« eine Art Eigenleben führten. Er beschrieb einen automa-

---

29 Ellenberger (1996)
30 Plumer (1860)
31 Despines (1840)
32 Janet (1889)

tisch ablaufenden Prozess der Abtrennung und dem »Nebeneinanderher« existieren von Bewusstseinsinhalten.[33] Der Begriff »Dissoziation« wurde dabei ursprünglich als Bezeichnung für eine Spaltung der Persönlichkeit oder des Bewusstseins verwendet.[34] Janet erklärte zudem, eine Dissoziation beinhalte eine Spaltung zwischen »Systemen von Ideen und Funktionen, welche die Persönlichkeit ausmachen«.[35] Die Persönlichkeit beschreibt er dabei als eine Struktur, die aus verschiedenen Systemen besteht. Morton Prince legte das Konzept von Janet seinen Untersuchungen über dissoziative Persönlichkeit zu Grunde und führte im Rahmen seiner Fallschilderung den Begriff der multiplen bzw. alternierenden Persönlichkeit sowie die Bezeichnung »Co-Bewusstsein« ein.[36]

Kasten 1: Christine Beauchamp, Dissoziation einer Persönlichkeit

Von den umfangreichen kasuistischen Darstellungen dieser Zeit erlangte der Fall der C. Beauchamp wohl den größten Bekanntheitsgrad. Sie wurde von dem amerikanischen Psychiater Morton Prince behandelt. Christine Beauchamp klagte über Schwäche, Kopfschmerzen und »Willenshemmung«, und Prince diagnostizierte eine extreme Form der Neurasthenie, also ein psychisch bedingtes Erschöpfungssyndrom. Im Verlauf der Therapie, als Prince versuchte, die hartnäckigen Symptome mit Hypnose zu lindern, nahm der Fall jedoch einen überraschenden Verlauf: Normalerweise wirkte die Patientin sowohl im wachen Zustand als auch unter Hypnose bedrückt, deprimiert, ohne Energie und zeigte zurückhaltende, übergewissenhafte und ängstliche Persönlichkeitszüge. Eines Tages veränderte sich unter der Hypnose ihr psychischer Zustand völlig unvermittelt: Für einen umschriebenen Zeitraum wurde die Patientin viel jünger, außerdem lebhaft, keck und sehr impulsiv. In diesem neuen Zustand bestand sie darauf, eine völlig andere Person zu sein als die zurückhaltende, die

---

33 Janet (1889)
34 Janet (1887/2005)
35 Janet (1907), S. 332, zit. nach Van der Hart et al. (2008), S. 17
36 Prince (1906)

zuvor da gewesen sei und mit der sie sich einen Körper teile. Sie bezeichnete sich selbst als »Sally« und grenzte sich von dem anderen Zustand ab, indem sie von diesem nur in der dritten Person als »sie« sprach. Im späteren Therapieverlauf trat noch ein weiterer Persönlichkeitszustand auf, der wiederum neue Charaktereigenschaften aufwies und sich launisch, ehrgeizig und selbstbezogen zeigte. Prince nannte diesen Zustand »die Frau« oder »die Realistin«, während »Sally« diesen ungerührt »die Idiotin« nannte. Die Beschreibung der inneren Kämpfe, Konflikte und Verwirrungen, die sich aus dem dramatischen Auftauchen und Verschwinden der drei verschiedenen Persönlichkeitszustände ergaben, wurden von Prince ausführlich beschrieben und die Patientin wurde als geheilt angesehen. Sie wurde später als Mrs. Clara Norton Fauler identifiziert, die einen Assistenten von Prince heiratete.

Die Behandlung der Patientin Christine Beauchamp bildete die Grundlage einer ersten umfassenden Studie über die »Dissoziation einer Persönlichkeit: Eine biographische Studie zur abnormen Psychologie«, die 1905[37] erschien. Die Vorstellung Janets von Dissoziation als Aufspaltung der Persönlichkeit entlang vorgegebener Systeme wurde von Charles Myers weiter herausgearbeitet: Basierend auf seinen Beobachtungen an akut traumatisierten Soldaten im Ersten Weltkrieg nahm er an, dass sich durch das Trauma eine Dissoziation der Persönlichkeit in zwei Teile vollzieht, die er als »apparently normal personality« und als »emotional personality« bezeichnete, ein Begriff, der später im Modell der Strukturellen Dissoziation aufgegriffen wird.[38] Um die Wende zum 20. Jahrhundert waren die Themen Dissoziation und Multiple Persönlichkeit zu den von Psychiatern und Philosophen am häufigsten diskutierten Interessensgebieten herangewachsen. Es wurden ausführliche Fallbeispiele publiziert, verschiedenste experimentelle Untersuchungen an Patienten mit dissoziativen Störungen durchgeführt und erste Klassifikationen und Theorienbildungen entworfen.[39]

---

37 Prince (1905)
38 Myers (1940)
39 Ellenberger (1996)

1.1.4 Freud und Breuer

Mit dem Konzept der Dissoziation wurde Janet zum wissenschaftlichen Konkurrenten und Gegenspieler von Sigmund Freud, der an seinen hysterischen Patientinnen ähnliche Symptome beobachtete. Auch Freud vermutete zunächst traumatische Erfahrungen, insbesondere innerfamiliären sexuellen Missbrauch, von dem ihm die Patientinnen berichteten, als Ursache der beschriebenen Symptome. In Ermangelung eines gesellschaftlichen Resonanzbodens für seine Thesen distanzierte er sich bekanntlich später davon und stufte die Mitteilungen über sexuellen Missbrauch als Phantasien der Patientinnen ein. Seine – weniger anstößige – Theorie der Verdrängung ebnete ihm den Siegeszug der Psychoanalyse. Gleichwohl kannte Freud die damals publizierten Fälle von Multipler Persönlichkeit, lehnte die Theorie der Dissoziation, insbesondere die eines geteilten Bewusstseins jedoch ab:

> »Die Fälle, die man als Teilung des Bewusstseins beschreibt, … können besser als wanderndes Bewusstsein angesehen werden, wobei diese Funktion – oder was immer es sein mag – zwischen zwei verschiedenen psychischen Komplexen hin- und herschwankt, die abwechselnd bewusst und unbewusst werden«.[40]

Zudem war ihm der Fall der Anna O. seines befreundeten Kollegen Joseph Breuer gut vertraut.[41, 42]

Kasten 2: Anna O. alias Berta Papenheim

Anna O. erkrankte in Wien in einer Situation, als sie die Pflege ihres todkranken Vaters übernahm. Sie litt unter starken Stimmungsschwankungen, Kopfschmerzen, Sehstörungen, optischen Halluzinationen in Form von Schlangen sowie unter Lähmungserscheinungen. Nach und nach stellten sich weitere Symptome ein: Es zeigten sich »zwei ganz getrennte Bewusstseinszustände, die sehr oft und unvermittelt abwechselten und sich im Laufe der Krankheit immer schärfer schieden. In dem einen kannte sie ihre Umgebung, war traurig und

---

40 Freud (1912/1975), S. 32
41 Breuer (1895/1987)
42 Brentzel (2002)

ängstlich, aber relativ normal. Im andern halluzinierte sie, war
»ungezogen«, d. h. schimpfte, warf Kissen ...«[43].

Zudem klagte die Patientin, »ihr fehle Zeit« sowie über eine »tiefe
Finsternis ihres Kopfes, wie sie nicht denken könne, blind und taub
werde, zwei Ichs habe, ihr wirkliches und ein schlechtes, was sie zu
Schlimmem zwinge ...«[44] Anna war amnestisch für die Perioden des
aggressiven, »krankhaften Zustandes«. Außerdem beschrieb die
Patientin noch einen dritten Bewusstseinszustand. »Es saß, wie die
Patientin sich ausdrückte, mindestens häufig auch bei ganz schlimmen
Zuständen in irgendeinem Winkel ihres Gehirns, ein scharfer und
ruhiger Beobachter, der sich das tolle Zeug ansah.«[45] Zeitweilig war
die Patientin mit 22 Jahren bettlägerig und litt an Ängsten, Depres-
sionen, Absencen, Sprachstörungen, Schlafstörungen und Paresen der
Nackenmuskulatur, so dass sie den Kopf nicht heben konnte.

Josef Breuer behandelte sie mit einer Mischung aus »Rede-Kur« und
Hypnose, die regelmäßig vorübergehende Erleichterungen brachte,
jedoch keine nachhaltige Besserung. 1881 verschlimmerte sich der
Zustand erneut dramatisch. Anna unternahm mehrere Suizidversuche,
und man kam in der Familie der Patientin überein, sie gegen ihren Willen in
ein Sanatorium zu bringen. Quälende Gesichtsschmerzen, eine Operation
am Oberkiefer und Schüttelkrämpfe veranlassten die Ärzte dazu, ihr
hohe Dosen Morphium zu injizieren. Erst nach monatelangen Aufent-
halten in verschiedenen Sanatorien konnte Anna entlassen werden.[46]

1953 enthüllte der Freud-Biograph Ernest Jones die Identität von
Anna O.: Es handelt sich um Berta Papenheim (1859–1936), bedeutende
Sozialpionierin und Gründerin des jüdischen Frauenbundes. Sie selbst
bewahrte lebenslang ihr Geheimnis, dass sie die Patientin war, die Freud
und Breuer maßgeblich zur Entwicklung der Psychoanalyse anregte. Es ist
nicht bekannt, ob sie in ihrer Kindheit Traumatisierung ausgesetzt war. Es
ist jedoch belegt, dass sie sich in ungewöhnlicher Weise gegen sexuelle
Ausbeutung eingesetzt hat: Nach mehrjähriger psychischer und psycho-
somatischer Krankheit stabilisierte sich ihr Gesundheitszustand, und sie

---

43 Breuer (1895/1987), S. 22
44 ebenda, S. 23
45 ebenda, S. 39
46 ebenda

baute später ein bedeutendes und vielschichtiges Lebenswerk auf: Zwölf Jahre lang leitete sie ein jüdisches Waisenheim in Frankfurt. Sie unternahm Reisen in die Balkanländer, in den Nahen Osten und nach Russland. Sie informierte sich über Prostitution und Mädchenhandel und setzte sich mit hohem Engagement für deren Bekämpfung ein. 1904 gründete sie den jüdischen Frauenbund und 1907 mehrere Heime für junge Prostituierte. Zudem verfasste sie eine Reihe von Märchen, Novellen und theoretischen Schriften zur Frauenfrage. Sie verstarb 1936 und wurde in Frankfurt beigesetzt. Als Sozialpionierin, Feministin und Autorin gehört sie zu einer der stärksten Persönlichkeiten des deutschen Judentums.[47] Die Regierung der Bundesrepublik ehrte sie 1954 durch eine Briefmarke mit ihrem Portrait.

Abb. 3: Anna O. alias Bertha Papenheim

Das Fallbeispiel der Anna O. wird oft als Schlüsselbeispiel zur Theorieentwicklung der Psychoanalyse angesehen, doch mit den Symptomen veränderter Bewusstseinszustände unterscheidet sich der Fall deutlich von anderen,

---

47 Brentzel 2002

die Freud und Breuer[48, 49] in ihren Studien zur Hysterie beschreiben. Sie ordnen die Symptome der Hysterie zu, doch würde ein Vergleich mit den Diagnosekriterien des DSM[50] zu einem anderen Ergebnis kommen: Es finden sich zwei oder mehr unterscheidbare Identitäten oder Persönlichkeitszustände, mindestens zwei dieser Identitäten oder Persönlichkeitszustände übernehmen wiederholt die Kontrolle über das Verhalten der Person, verbunden mit schwerer Amnesie. Genau dies – so zeigt es Loewenstein 1994 auf – sind die DSM-IV-Kriterien (und auch DSM-5-Kriterien) für die Diagnose einer Dissoziativen Identitätsstörung.[51] Mit der damaligen Theoriebildung der Hysterie und Verdrängung von Breuer und Freud wird so gleichzeitig eine Entwicklung eingeleitet, bei der das ebenso bedeutsame Modell der Dissoziation dem wissenschaftlichen und gesellschaftlichen Vergessen oder Verdrängen anheimfiel.[52] Die Symptome von Anna O. werden also zum Dreh- und Angelpunkt zweier konkurrierender oder – wie wir heute wissen – sich ergänzender Modelle der Verdrängung und Dissoziation.

1.1.5 Höhepunkt und Wende

Neben der Psychoanalyse waren es vor allem die Arbeiten von Bleuler (der den Begriff Schizophrenie geprägt hatte[53]), die den psychiatrischen und psychotherapeutischen Mainstream beherrschten. Mit dem Aufschwung der Psychoanalyse entstand gleichzeitig eine Welle der Gegenreaktion gegenüber dem Konstrukt der dissoziierten oder Multiplen Persönlichkeit. Dissoziationsforscher sahen sich dem Vorwurf ausgesetzt, sie hätten sich von ihren Patienten täuschen lassen und unwillkürlich selbst, also iatrogen, die psychische Manifestation geformt, die sie beobachteten. Diese Kritik fand 1942 ihren Höhepunkt durch einen Beitrag von Harrimann zum »Experimentellen Erzeugen von einigen mit der Multiplen Persönlichkeit einhergehenden Phänomenen«.[54] Der im ironischen Duktus geschriebene

---

48 Freud & Breuer (1895)
49 Freud & Breuer (1987)
50 American Psychological Association (1994, 2013)
51 Loewenstein (1994)
52 Hermann (2006)
53 Bleuler (1911/1950)
54 Harrimann (1942)

Artikel enthielt eine Art Gebrauchsanweisung zum Hervorbringen von »Persönlichkeiten« durch Hypnose. Auch die beiden Übersichtsartikel von Taylor und Martin (1944) sowie von Sutcliff und Jones (1962) brachten das skeptische Klima hinsichtlich der Erkrankung in dieser Periode zum Ausdruck. Obwohl beide Artikel die Multiple Persönlichkeit als klinische Entität unmissverständlich anerkannten und die bis zu der Zeit insgesamt 76 publizierten Fälle würdigten, waren sie doch von einer skeptischen Grundhaltung gegenüber dem Konzept geprägt, die viele spätere Autoren übernahmen, um ihre Glaubwürdigkeit nicht aufs Spiel zu setzen. So beschäftigten sich die meisten nachfolgenden Artikel mehr mit der Frage, ob es die Multiple Persönlichkeit wirklich gibt, als dass sie neue klinische Aspekte hervorbringen. Damit – so Putnam – gerieten Vertreter einer der ältesten beschriebenen psychiatrischen Erkrankungen unter einen Rechtfertigungsdruck, der bis heute anhält.[55]

1.2 Wiederentdeckung des Dissoziationskonzeptes

Es bedurfte erst verschiedener gesellschaftlicher Strömungen, um die Öffentlichkeit für die gesundheitlichen Folgen von politischer, aber auch von familiärer und sexueller Gewalt zu sensibilisieren. Durch die Bürgerrechts- und die Frauenbewegung wurde in den 70er Jahren der Weg für neue wissenschaftliche Erkenntnisse auf dem Gebiet der Psychotraumatologie geebnet.[56] Über das Syndrom der Multiplen Persönlichkeit wurde die Öffentlichkeit zudem durch die Fallgeschichte von Sybil informiert.[57]

Kasten 3: Sybil

Sybil gilt als erste populäre Falldarstellung der neueren Zeit. Die Therapeutin C. Wilbur hatte Sibyl in einer langen Psychoanalyse –

---

55 Putnam (1989/2003/2013)
56 Herman (1992)
57 Schreiber (1974/1977)

unterstützt durch Hypnose und andere therapeutische Interventionen – behandelt. Die Publikation des Falles wurde von medizinischen Journalen abgelehnt und erfolgte schließlich in populärwissenschaftlicher Romanform. Die Darstellung kann bis heute als anschauliche Lektüre zum Verständnis des Krankheitserlebens von betroffenen Patienten angesehen werden. Ihre Geschichte wurde zweimal (1976 und 2007) in den USA für das Fernsehen verfilmt. Der richtige Name dieser Patientin – Shirley A. Mason – wurde später bekanntgegeben. Es gibt immer wieder Diskussionen darüber, ob Sybil möglicherweise gar nicht wirklich »multipel« war, so z. B. im SPIEGEL-Artikel »Floras Erzählungen«[58] oder in der Süddeutschen Zeitung »Multiple Persönlichkeiten – Bin ich viele?«[59]. Die Vermutung eines »Fakes« stützt sich auf Dokumente, die nach dem Tod der Patientin gefunden wurden, in denen sie selber angibt, alles nur vorgespielt zu haben. Solche Behauptungen kommen allerdings auch bei validen Diagnosen vor, zumal Patienten der Diagnose oft hoch ambivalent gegenüberstehen können.

Abb. 4: Die Geschichte von Shirley A. Mason wird im Roman »Sybil« von Flora Retha Schreiber dargestellt.

58 DER SPIEGEL am 26.10.1998
59 B. Uhlmann, Süddeutsche Zeitung am 07.01.2012

1.2.1 Konsolidierung – und ihre Folgen

Vor dem skizzierten gesellschaftlichen Hintergrund arbeitete eine Pioniergruppe von Klinikern, unter ihnen C. Wilbur und R. Kluft, an der Reetablierung des Dissoziationskonzeptes und an der Akzeptanz der Multiplen Persönlichkeit als offizielle klinische Diagnose, die schließlich 1980 mit der Aufnahme ins DSM erfolgte.[60] Diese formale Anerkennung war die Grundlage für viele internationale epidemiologische und ätiologische Studien und führte zu einer neuen wissenschaftlichen Blütezeit. Viele Studien auf dem Gebiet der Dissoziation wurden vom National Institut of Mental Health (NIMH) der USA gefördert.[61] Auch kam es 1983 zur Gründung einer Fachgesellschaft, die sich heute »International Society for the Study of Trauma and Dissociation« (ISSTD) nennt und ein eigenes »Journal of Trauma & Dissociation« herausgibt.[62] Die meisten Forschungsaktivitäten lagen zunächst in Nordamerika, doch ist auch in Europa mit einer Verzögerung von fast 20 Jahren eine zunehmende Rückbesinnung auf das wissenschaftliche Erbe Janets zu verzeichnen. Diese findet nicht zuletzt in der Gründung der European Society for Trauma and Dissociation[63] (Amsterdam, 2006) ihren Niederschlag. In Deutschland gründete sich bereits 1998 ein Abzweig der ISSTD, der sich inzwischen Deutsche Gesellschaft für Trauma und Dissoziation[64] (DGTD) nennt und jährliche Jahrestagungen durchführt.

Mit der beschriebenen Konsolidierung – so van der Hart und Dorahy[65] – waren jedoch auch folgenreiche Unzulänglichkeiten verbunden: Historisch waren somatoforme und dissoziative Störungen durch das Konzept der Hysterie bzw. der Konversionsneurose vereint. Das DSM-III ordnete jedoch somatoforme und dissoziative Störungen verschiedenen Kategorien zu – eine Entscheidung, die seither kritisch diskutiert wurde,[66] aber bis heute Gültigkeit hat. Die

---

60 American Psychiatric Association (1980)
61 Michelson & Ray (1996), Vorwort
62 International Society for the Study of Trauma and Dissociation (ISSTD); www.isstd.org
63 European Society for Trauma and Dissociation (ESTD); www.estd.org
64 Deutsche Gesellschaft für Trauma und Dissoziation (DGTD); www.degtd.de
65 Van der Hart, Martin & Dorahy (2009)
66 Brown, Cardena, Nijenhuis, Şar & Van der Hart (2007)

ICD-9[67] dagegen konzeptualisierte die Störungen weiterhin als gemeinsamen Wurzeln entspringend. Dies gilt auch für die ICD-10[68], welche die dissoziative Bewegungsstörung sowie die Sensibilitäts-und Empfindungsstörungen mit umfasst und den Begriff der Konversionsstörung synonym für Dissoziation benutzt. Viele dissoziative Patientinnen, insbesondere mit komplexen dissoziativen Störungen zeigen in hohem Maße Somatisierungs- und somatoforme Störungen. Nijenhuis betont in diesem Zusammenhang den Begriff der somatoformen Dissoziation.[69] Zum anderen wurde mit der offiziellen Aufnahme im DSM stärker auf die beobachtbaren Phänomene fokussiert und weniger – wie zunächst bei den Gründungsvätern – auf die vermutete zugrunde liegende Struktur oder Organisationsweise der Psyche bzw. der Persönlichkeit. Dies führte tendenziell zu einer breiten und unklaren Auslegung vom Begriff »Dissoziation« und dem Konzept der Dissoziation als Kontinuum.[70]

Bis heute stellen weder DSM noch ICD eine klare Definition zur Verfügung, sondern lediglich allgemeine Beschreibungen. DSM spricht von wesentlichen Merkmalen (»essential features«), ICD-10 von allgemeinen Kennzeichen (»common theme«). Es gibt insofern Übereinstimmung in den Beschreibungen, dass es bei Dissoziation um einen Verlust an Integration geht (ICD-10) oder integrierende Funktionen unterbrochen sind (DSM-IV) und dass hiervon das Gedächtnis, die Erinnerung, die Wahrnehmung und die Identität betroffen sind (in der ICD-10 wird zusätzlich die Kontrolle der Körperbewegungen erwähnt).

Führte also zunächst die Aufnahme in den offiziellen Manualen und die damit verbundene Anerkennung zunächst zu fruchtbarer Forschungsaktivitäten, erweisen sich nun die frühen Fehler und Versäumnisse (Ausschluss somatoformer Dissoziation im DSM sowie mangelnde konzeptionelle Klarheit, fehlende Definition in DSM und ICD) als Hindernis.[71] In Kombination mit abstrakten Diagnosekriterien bot dies insbesondere auch Angriffsfläche für eine polarisierende Diskussion um die DIS.[72] Verschie-

---

67 World Health Organization (1975)
68 World Health Organization (1992)
69 Nijenhuis (1999)
70 Van der Hart, Martin & Dorahy (2009)
71 Van Der Hart, Nijenhuis, Steele & Brown (2004)
72 Dell (2001)

dene Autoren schlagen zur Überwindung der Mängel eine neue Konzeptualisierung der dissoziativen Störungen vor. Bevor hierauf in Kapitel 1.3 genauer eingegangen wird, sollen die derzeit gültigen Klassifikationen in DSM und ICD genauer dargestellt werden (▶ Tab. 1).

Tab. 1: Dissoziative Störungen in ICD-10 und DSM-5 im Vergleich

ICD-10		DSM-5	
F44.0	Dissoziative Amnesie	300.12 (300.13)	Dissoziative Amnesie (mit Fugue)
F44.1	Dissoziative Fugue		
F44.2	Dissoziativer Stupor		
F44.3	Dissoziative Trance- und Bessesenheitszustände		
F44.4	Dissoziative Bewegungsstörung	300.11	Konversionsstörung
F44.5	Dissoziative Krampanfälle		
F44.6	Dissoziative Sensibilität und Empfindung		
F44.7	Dissoziative Störungen, gemischt		
F44.8	Sonstige dissoziative Störungen		
F44.80	Ganser-Syndrom		
F44.81	Multiple Persönlichkeit	300.14	Dissoziative Identitätsstörung
F44.89	Sonstige näher bezeichnete dissoziative Störung (SNBDS)	300.15	Andere Näher Bezeichnete Dissoziative Störung (ANBDS)
F44.9	Nicht näher bezeichnete dissoziative Störung (NnbdS)	300.15	Nicht Näher Bezeichnete Dissoziative Störungen (NNBDS)
F48.1	Depersonalisationsstörung (gehört zu den neurotischen Störungen)	300.60	Depersonalisations-/ Derealisationsstörung

Neben der bereits oben beschriebenen unterschiedlichen Berücksichtigung somatoformer Störungen weichen die Manuale auch hinsichtlich Prävalenz, Symptom-Muster, Verlauf und Einschätzung der Therapieergebnisse voneinander ab: Im DSM werden eine Reihe dissoziativer Störungen als langwierig und chronisch angesehen. Die ICD-10 dagegen geht von akuten Störungen aus mit Remission innerhalb einiger Wochen und Monate. Diese werden im Kontext von Stresserlebnissen, Traumen und/oder unlösbaren Problemen ausgelöst. Es werden allerdings auch chronische Verläufe benannt, z. B. bei Lähmungen und Gefühlsstörungen.[73] Insgesamt zeigt sich also, dass sich die Klassifikationen sowohl im DSM als auch in der ICD in einem noch nicht abgeschlossenen Diskussionsprozess befinden.

1.2.2 Dissoziative Störungen in der ICD

In der ICD-10[74] erscheinen unter den dissoziativen Störungen (Konversionsstörungen) folgende Kategorien (► Tab. 1):

- **Dissoziative Amnesie** (F44.0): Reversibler Erinnerungsverlust für wichtige, meist traumatische und zumeist erst kurz zurückliegende Ereignisse ohne organische Ursache oder Drogeneinfluss.
- **Dissoziative Fugue** (F44.1): Zielgerichtete, äußerlich geordnete Ortsveränderung, die einer Amnesie unterliegt. Teilweise kann für überraschend lange Zeiträume eine neue Identität angenommen und ausgefüllt werden.
- **Dissoziativer Stupor** (F44.2): Beträchtliche Verringerung oder Fehlen der willkürlichen Reaktionen oder normaler Reaktionen auf äußere Reize ohne Anhalt für eine körperliche Ursache.
- **Trance- und Besessenheitsstörung** (F44.3): Zeitweiser Verlust der persönlichen Identität und der vollständigen Wahrnehmung der Umgebung, zumeist begleitet von (unfreiwilligen) wiederholten Folgen von eingeschränkten Bewegungen, Stellungen und Äußerungen.
- **Dissoziative Störungen der Bewegung und der Sinnesempfindung** (F44.4–F44.7): Verlust oder Veränderungen von Bewegungsfunktio-

---

73 Dilling, Mombour & Schmidt (2011), S. 212
74 Dilling, Mombour & Schmidt (2011)

nen oder (Haut-)Empfindungen, ohne körperliche Ursache, oftmals interpretierbar als Ausdruck eines innerpsychischen Konfliktes bzw. zum »Zweck« der Vermeidung äußerer Konflikte.

- **Sonstige dissoziative Störungen,** unter denen das Ganser-Syndrom (F44.80 - »Vorbeiantworten«), die Multiple Persönlichkeitsstörung (F44.81), sowie vorübergehende dissoziative Störungen in der Kindheit und Jugend (F44.82) klassifiziert werden. Die ICD-10 verwendet also noch den Begriff der »Multiplen Persönlichkeitsstörung«, der im DSM fallengelassen wurde, da die DIS nicht zwangsläufig mit einer Persönlichkeitsstörung einhergeht.

Für die ICD-11 wird die Diagnose einer Komplexen Intrusiven dissoziativen Störung diskutiert.[75]

1.2.3 Dissoziative Störungen im DSM-5[76, 77]

Wir gehen hier vor allem auf das DSM-5 ein und beschreiben darüber hinaus die Änderungen, die sich dem DSM-IV gegenüber ergeben haben. Das DSM-5 erfasst folgende dissoziative Störungen:

Dissoziative Amnesie

A. Eine Unfähigkeit, sich an wichtige autobiographische Informationen zu erinnern, die in der Regel traumatischer oder belastender Natur sind, und die nicht als gewöhnliche Vergesslichkeit zu werten ist.

Beachte: Die Dissoziative Amnesie besteht meistens au seiner Lokalen oder Selektiven Amnesie für ein spezifisches Ereignis oder mehrere Ereignisse; oder eine Generalisierte Amnesie für die eigene Identität und die Lebensgeschichte.

---

75 Nijenhuis et al. (2014)
76 American Psychiatric Association (2013)
77 Falkai & Wittchen (2015). Abdruck erfolgt mit Genehmigung vom Hogrefe Verlag Göttingen aus dem Diagnostic and Statistical Manual of Mental Disorders, Fifth Edition, © 2013 American Psychiatric Association, dt. Version © 2015 Hogrefe Verlag.

B. Die Symptome verursachen in klinisch bedeutsamer Weise Leiden oder Beeinträchtigungen in sozialen, beruflichen oder anderen wichtigen Funktionsbereichen.

C. Das Störungsbild ist nicht Folge der physiologischen Wirkung einer Substanz (z. B. Alkohol oder andere Substanz mit Missbrauchspotential, Medikament) oder eines neurologischen oder anderen medizinischen Krankheitsfaktors (z. B. komplex-partielle Anfälle, transiente globale Amnesie, Folgen einer geschlossenen Kopfverletzung/eines Schädel-Hirn-Traumas oder einer anderen neurologischen Erkrankung).

D. Das Störungsbild kann nicht besser durch eine Dissoziative Identitätsstörung, Posttraumatische Belastungsstörung, Akute Belastungsstörung, Somatische Belastungsstörung oder Leichte oder Schwere Neurokognitive Störung erklärt werden.

Codierhinweis: Der Code für die Dissoziative Amnesie ohne Dissoziative Fugue ist F44.0. Der Code für die Dissoziative Amnesie mit Dissoziativer Fugue ist F44.1.

Bestimme, ob:

F44.1 Mit Dissoziativer Fugue: Eine offensichtlich absichtliche Reise oder zielloses Umherirren verbunden mit einer Amnesie für die eigene Identität oder für andere wichtige autobiographische Informationen.

Depersonalisations-/Derealisationsstörung

A. Das Vorliegen andauernder oder wiederkehrender Erfahrungen der Depersonalisation, Derealisation oder von beidem:

1. **Depersonalisation:** Erfahrungen der Unwirklichkeit, des Losgelöstseins oder des Sich-Erlebens als außenstehender Beobachter bezüglich eigener Gedanken, Gefühle, Wahrnehmungen, des Körpers oder Handlungen (z. B. Wahrnehmungsveränderungen, gestörtes Zeitempfinden, unwirkliches oder abwesendes Selbst, emotionales und/oder körperliches Abgestumpftsein).

2. **Derealisation:** Erfahrungen der Unwirklichkeit oder des Losgelöstseins bezüglich der Umgebung (z. B. Personen oder Gegen-

stände werden als unreal, wie im Traum, wie im Nebel, leblos oder optisch verzerrt erlebt).

B. Während der Depersonalisations-/Derealisationserfahrung bleibt die Realitätsprüfung intakt.

C. Die Symptome verursachen in klinisch bedeutsamer Weise Leiden oder Beeinträchtigungen in sozialen, beruflichen oder anderen wichtigen Funktionsbereichen.

D. Das Störungsbild ist nicht Folge der physiologischen Wirkung einer Substanz (z. B. Substanz mit Missbrauchspotential, Medikament) oder eines medizinischen Krankheitsfaktors (z. B. Krampfanfall).

E. Das Störungsbild kann nicht besser durch eine andere psychische Störung wie Schizophrenie, Panikstörung, Major Depression, Akute Belastungsstörung, Posttraumatische Belastungsstörung oder eine andere dissoziative Störung erklärt werden.

Aus der Depersonalisationsstörung im DSM-IV wurde also die Depersonalisation/Derealisationsstörung. Kriterium A. wurde entsprechend um Derealisation ergänzt.

Andere Näher Bezeichnete Dissoziative Störung
Diese Kategorie gilt für Erscheinungsbilder, bei denen charakteristische Symptome einer dissoziativen Störung vorherrschen, die in klinisch bedeutsamer Weise Leiden oder Beeinträchtigungen in sozialen, beruflichen oder anderen wichtigen Funktionsbereichen verursachen, bei denen die Kriterien für eine der dissoziativen Störungen aber nicht vollständig erfüllt sind. Die Kategorie Andere Näher Bezeichnete Dissoziative Störung wird in Situationen vergeben, in denen der Kliniker den Grund angeben möchte, warum die Kriterien für eine bestimmte dissoziative Störung nicht erfüllt sind. In diesem Fall wird »Andere Näher Bezeichnete Dissoziative Störung« codiert, gefolgt vom jeweiligen Grund (z. B. »Dissoziative Trance«).

Beispielhaft folgen Beschwerdebilder, die mithilfe der Kategorie »Andere Näher Bezeichnete Dissoziative Störung« beschrieben werden können:

A. Chronische und wiederkehrende Syndrome gemischter dissoziativer Symptome: Diese Kategorie umfasse Identitätsstörungen, die mit weniger ausgeprägten Diskontinuitäten des Bewusstseins des eigenen Selbst und des eigenen Handelns assoziiert sind, oder Veränderungen der Identität oder Episoden von Bessessenheit bei Personen, die keine Dissozative Amnesie berichten.

B. Identitätsstörungen infolge anhaltender und intensiver Manipulation unter Zwangsbedingungen: Personen, die einem intensiven Prozess der Manipulation unter Zwangsbedingungen unterworfen waren (z. B. durch »Gehirnwäsche«, Gedankenbeeinflussung, Indoktrination während Gefangenschaft, Folter, lang andauernde politische Gefangenschaft, Rekrutierung durch Sekten/Kulte oder terroristische Organisationen), können anhaltende Veränderungen oder bewusstes Infragestellen ihrer Identität aufweisen.

C. Akute dissoziative Reaktionen auf belastende Ereignisse: Diese Kategorie ist vorgesehen für akute, vorübergehende Bedingungen, die typischerweise weniger als einen Monat andauern, manchmal auch nur wenige Stunden oder Tage. Die Symptomatik ist charakterisiert durch Einschränkung des Bewusstseins, Depersonalisation, Derealisation, Wahrnehmungsstörungen (z. B. Verlangsamung des Zeitempfindens oder Makropsie (Gegenstände übergroß gesehen), Mikro-Amnesien, vorübergehender Stupor und/oder Änderungen in der sensomotorischen Funktion (z. B. Analgesie, Paralyse).

D. Dissoziative Trance: Die Symptomatik ist charakterisiert durch eine akute Einengung oder den kompletten Verlust des Bewusstseins für die unmittelbare Umgebung, was sich als tiefgreifende Unempfänglichkeit oder Unempfindlichkeit gegenüber Umweltreizen manifestiert. Die Unempfindlichkeit kann begleitet sein von geringfügigen stereotypen Verhaltensweisen (z. B. Fingerbewegungen), denen sich die Person nicht bewusst ist und/oder die sie nicht kontrollieren kann, sowie einer vorübergehenden Paralyse oder dem Verlust des Bewusstseins. Die Dissoziative Trance ist kein typischer Bestandteil von breit akzeptierten kollektiven kulturellen oder religiösen Praktiken.

Nicht Näher Bezeichnete Dissoziative Störung
Diese Kategorie gilt für Erscheinungsbilder, bei denen charakteristische Symptome einer dissoziativen Störung vorherrschen, die in klinisch bedeutsamer Weise Leiden oder Beeinträchtigungen in sozialen, beruflichen oder anderen wichtigen Funktionsbereichen verursachen, bei denen die Kriterien für eine der dissoziativen Störungen aber nicht vollständig erfüllt sind. Die Kategorie Nicht Näher Bezeichnete Dissoziative Störung wird in Situationen vergeben, in denen der Kliniker den Grund *nicht* angeben möchte, warum die Kriterien für eine bestimmte dissoziative Störung nicht erfüllt sind. Sie beinhaltet auch Beschwerdebilder, für die nicht genügend Informationen vorliegen, um eine genauere Diagnose stellen zu können (z. B. bei Notaufnahmen).

Dissoziative Identitätsstörung (DIS)

A. Störung der Identität, die durch zwei oder mehr unterscheidbare Persönlichkeitszustände gekennzeichnet ist und die in einigen Kulturen auch als das Erleben von Besessenheit beschrieben wird. Die Störung der Identität umfasst eine deutliche Diskontinuität des Bewusstseins des eigenen Selbst und des Bewusstseines des eigenen Handelns, begleitet von damit verbundenen Veränderungen des Affekts, des Verhaltens, des Bewusstseins, des Gedächtnisses. Der Wahrnehmung, des Denkens und/oder sensorisch-motorischer Funktionen. Diese Merkmale können von anderen beobachtet oder von der Person selbst berichtet werden.
B. Wiederkehrende Lücken bei der Erinnerung alltäglicher Ereignisse, wichtiger persönlicher Informationen und/oder traumatischer Ereignisse, die nicht als gewöhnliche Vergesslichkeit zu werten sind.
C. Die Symptome verursachen in klinisch bedeutsamer Weise Leiden oder Beeinträchtigungen in sozialen, beruflichen oder anderen wichtigen Funktionsbereichen.
D. Das Störungsbild ist nicht normaler Bestandteil breit akzeptierter kultureller oder religiöser Praktiken
    Beachte: Bei Kindern können die Symptome nicht besser durch imaginierte Spielkameraden oder andere Fantasiebeispile erklärt werden.

E. Die Symptome sind nicht Folge der physiologischen Wirkung einer Substanz (z. B. Blackout oder ungeordnetes Verhalten während einer Alkoholintoxikation) oder eines medizinischen Krankheitsfaktors (z. B. komplex-partielle Anfälle)

Mit dem letzten Halbsatz von A. wird gegenüber dem DSM-IV klargestellt, dass ein Wechsel von einem Persönlichkeitsanteil in einen anderen nicht unmittelbar beobachtet werden muss, um die Diagnose zu stellen. Dies ist ein Vorteil, da man einen solchen Wechsel – gerade während der ersten diagnostischen Kontakte – nur sehr selten zu sehen bekommt.

1.3 Rückschläge und »False memory«

Wie unter Kapitel 1.2.2 beschrieben, führte die offizielle Anerkennung der dissoziativen Störungen in den psychiatrischen Manualen zunächst zu einem Forschungsboom vor allem in Nordamerika und zur wichtigen Erweiterung der diagnostischen und therapeutischen Möglichkeiten für Patienten mit dissoziativen Störungen. Trotz dieser Erfolge war seit Beginn der Aktivitäten eine wissenschaftliche Polarisierung zu beobachten, die sich vor allem um die Konzeptualisierung der Dissoziativen Identitätsstörung entzündete. Kritiker stellten sowohl die Validität der Diagnose als auch die Trauma-Ätiologie der Erkrankung in Frage.[78] Stattdessen wurden kulturelle und suggestive Einflüsse durch Medien oder – wie bereits schon 40 Jahre zuvor – iatrogene Artefakte durch unsachgemäße Psychotherapie vermutet. Sowohl die Phänomenologie der wechselnden Anteile der Persönlichkeit als auch die Erinnerungen an schwere Traumatisierungen in der Kindheit sind danach die Ergebnisse von suggestiven Therapietechniken, insbesondere von unsachgemäß durchgeführter Hypnose.[79] Dieses vermutete soziokognitive Modell lässt sich jedoch empi-

---

78 Hacking (1996)
79 Lilienfeld et al. (1999)

risch nicht belegen (siehe hierzu die Übersicht von Cardena und Gleaves[80] sowie die sehr gründliche Studienzusammenstellung von Dalenberg et al.[81] sowie Brand et al.[82]). Dennoch wird von der WHO die Argumentation der Skeptiker aufgegriffen und die Multiple Persönlichkeitsstörung in der ICD-10 folgendermaßen kommentiert: »Diese Störung ist selten, und es wird kontrovers diskutiert, in welchem Ausmaß sie iatrogen oder kultur-spezifisch ist«[83]. Die APA dagegen benennt im DSM-IV (und auch im DSM-5) das relativ häufige Vorkommen der Erkrankung sowie die hohen Prävalenzangaben von schweren Traumatisierungen in der Kindheit.[84] In Folge davon entstand – insbesondere im Zusammenhang mit dissoziativer Amnesie und wiedererlangten Erinnerungen an traumatische Erfahrungen – eine heftige Debatte über deren Wahrheitsgehalt. Sie eskalierte, als Patienten mit DIS über schwere und extrem sadistische Misshandlungen durch satanistische Gruppen berichteten. Dies, so Brown, Shefflin und Hammond, müsste unweigerlich zu einer Glaubwürdigkeitskrise führen. Es folgte ein Boom der Erinnerungsforschung, insbesondere zum autobiographischen Gedächtnis.[85]

1.3.1 Die Entwicklung in den USA

Zeitweilig überwogen in dieser inhaltlich notwendigen Debatte über die Erinnerungsforschung nicht die wissenschaftlichen Argumente zur Verbesserung der medizinischen Versorgung der Patienten, sondern rechtliche Auseinandersetzungen mit horrenden Schadensersatzforderungen an Therapeuten, deren ehemalige Patienten sich von ihnen hinsichtlich ihrer Erinnerungen an sexuelle Traumatisierungen manipuliert und falsch behandelt fühlten.[86] Eine schwierige Rolle spielt dabei die 1992 gegründete False Memory Syndrom Foundation (FMSF), eine Interessensgemeinschaft von Personen, die angeben, fälschlicherweise des

---

80 Cardena & Gleaves (2007)
81 Dalenberg et al. (2012)
82 Brand et al. (2016)
83 Dilling, Mombour & Schmidt (2011), S. 182
84 American Psychiatric Association (2000/2013)
85 Brown, Sheflin & Hammond (1998), S. 10
86 Chu & Bowman (2000)

sexuellen Missbrauchs beschuldigt zu werden. Sie betreibt bis heute in Verbindung mit wissenschaftlichen Beratern eine intensive Lobbyarbeit und vertritt u. a. die These, dass unter Therapie häufig falsche Erinnerungen auftreten würden (»False-Memory-Syndrom«) und dass Kindesmissbrauch nicht vergessen und verdrängt werden könne. In dem Zusammenhang kam es in den USA – meist mit dem Argument von fehlender Berücksichtigung von Pseudoerinnerungen – zu einer Reihe gerichtlicher Auseinandersetzungen. Insbesondere wurden Therapeuten von Patientinnen angezeigt, die ihre früheren Angaben über sexuellen Missbrauch oder über dissoziative Symptome widerriefen und von den Therapeuten wegen Fehlbehandlungen nun hohen Schadensersatz forderten. Insgesamt kam es zu ca. 200 Gerichtsverfahren von sogenannten Widerrufern (retractors) gegen ihre ehemaligen Therapeuten.[87] Viele Therapeuten lehnten aus Verunsicherung und Sorge vor solchen Anschuldigen die Behandlung von traumatisierten Patienten ab.

In der Folge der False-memory-Debatte wurden von verschiedenen Fachgesellschaften die Ergebnisse der Gedächtnisforschung über (traumatische) Erinnerungen zusammengefasst und zu dem Phänomen der »falschen« und »wiedererlangten« Erinnerungen (»false memory« und »recovered memory«) Positionspapiere erarbeitet.[88, 89] Danach kann es sich – auch bei wiedererlangten Erinnerungen – sowohl um valide als auch um konfabulierte oder Pseudo-Erinnerungen (false memories) handeln, die zudem in verschiedenen Kombinationen auftreten können. Daraus leitet sich für die Empfehlung ab, im therapeutischen Umgang mit traumatischem Material, »skeptisch zu glauben und empathisch zu zweifeln«[90]. Hierauf wird in Kapitel 5 noch ausführlicher eingegangen.

1.3.2 Die Entwicklung in Deutschland

Insgesamt erfolgte die Diskussion um die DIS hierzulande erst mit einer Verzögerung von 15 Jahren und in abgeschwächter und

---

87 Brown, Sheflin & Hammond (1998)
88 siehe American Psychiatric Association (1995) sowie International Society for Traumatic Stress Study (o. J.)
89 deutsche Übersetzung in Sachsse (2004)
90 Brenneis (1998)

gleichzeitig verzerrter Form: Die Argumente der False Memory Syndrom Foundation wurden von Zeitschriften aufgegriffen, noch bevor sich hier eine eigenständige empirische Forschung zum Thema DIS etablierte. Selbst renommierte Zeitschriften brachten unausgewogene, polemische, teils zynische Beiträge[91, 92, 93, 94] und selten gut recherchierte Reportagen.[95, 96, 97, 98, 99] 1995 erschien ein erstes Fachbuch von M. Huber über das Krankheitsbild – damals noch mit der Bezeichnung Multiple Persönlichkeit (MPS) im Titel –, das mit hohen Auflagen auf breites Laieninteresse stieß.[100] Vom SPIEGEL wird ihr Buch allerdings als »Modischer Wahn« verspottet.[101] Der Artikel beruft sich dabei auf die Expertise von Mitgliedern der FMSM, ohne deren Mitgliedschaft zu benennen. Zudem wurde auch in Deutschland der Fall einer Widerruferin bekannt: In der 1995 ausgestrahlten Fernsehreportage »Der Riss im Kopf« beschreibt die Protagonistin sexuellen Missbrauch durch ihren Vater und – durchaus überzeugend – die Symptome einer Dissoziativen Identitätsstörung. 2003 erscheint eine weitere Reportage über sie mit dem Titel: »Multiple Persönlichkeiten – Wahn der Therapeuten?«[102]. Hier wird geschildert, dass die Patientin inzwischen – allerdings erfolglos – Klage gegen ihren Therapeuten eingereicht hat und sich jetzt sicher sei, nie sexuell missbraucht worden und auch nie »multipel« gewesen zu sein, sondern Opfer der Fehldiagnose ihres Therapeuten war. Möglicherweise spiegelt sich – ähnlich wie im Fall Sybil – weniger eine Fehldiagnose als vielmehr die Ambivalenz einer Patientin hinsichtlich ihrer DIS-Erkrankung wider, wie dies im Rahmen der Diagnosestellung und -mitteilung sowie im weiteren Therapieverlauf häufiger zu beobachten ist. Der False-memory-

---

91 Stingelin (1997)
92 Lau (1997)
93 Michalzik (1997)
94 Simm (1997)
95 Fröhling (1993)
96 Biel (1993)
97 DER SPIEGEL 16/1994, Bürgerkrieg im Inneren
98 Paulus (1995)
99 Fröhling (2002)
100 Huber (1995)
101 DER SPIEGEL 12/1995, S. 196–197
102 Kuballa (2003)

Verein versandte im Sommer 2013 Flyer an die Psychiatrischen und Psychosomatischen Kliniken in Deutschland, in denen er vor der »recovered memory therapy ... oft assoziiert mit der Diagnose Multipler Persönlichkeiten« als gefährliche Modeerscheinung warnt.[103] Im deutschen Ärzteblatt erschien 1997 ein erster psychiatrischer Fachartikel, der skeptisch zur MPS/DIS Stellung bezog.[104] Diese Skepsis löst sich nur sehr zögerlich auf.[105]

Dennoch finden sich inzwischen zunehmend Fachpublikationen, die die umfangreichen Forschungsbefunde ausgewogen würdigen.[106] Einen guten Überblick gibt das in der Reihe der Lindauer Psychotherapie-Module erschienene Buch »Psychotherapie der Dissoziativen Störungen«[107]. Wichtige internationale Diagnoseinstrumente sind inzwischen auf Deutsch validiert (▶ Kap. 3.6 und 3.7)[108, 109] und zentrale Fachbücher sind in deutscher Sprache erschienen. Zu der praxisrelevanten, anwendungsbezogenen Literatur in Deutschland gehören das bereits oben erwähnte Pionierwerk von Huber, das in deutscher Übersetzung erschienene Standardwerk von Frank Putnam[110] sowie »Das verfolgte Selbst« von Van der Hart, Nijenhuis und Steele[111], in dem das Modell der Strukturellen Dissoziation inklusive seiner therapeutischen Anwendung dargestellt wird. Auch kann man in Deutschland mittlerweile auf eine über 20-jährige klinische Erfahrung in der Behandlung dissoziativer Störungen zurückblicken. Pionierleistungen gingen von der Klinik Hohe Mark in Oberursel mit der ersten deutschen Spezialstation für DIS-Patienten (unter Initiative von Arne Hofmann) sowie von der Wicker-Klinik Bad Wildungen (Ingrid Olbricht) und der Klinik für Psychosomatische und Psychotherapeutische Medizin des Evangelischen Krankenhauses Bielefeld (Luise Reddemann) aus. Wichtige Impulse zur

103 False-memory-Deutschland e. V. (www.false-memory.de)
104 Tölle (1997)
105 Freyberger et al. (2007)
106 Gast et al. (2006)
107 Reddemann, Hofmann & Gast (2006/2011)
108 Freyberger et al. (1999)
109 Gast et al. (1999)
110 Putnam (1989, 2003)
111 Van der Hart, Nijenhuis & Steele (2008)

Implementierung von Therapieprogrammen in der Psychiatrischen Versorgung wurden zudem von Claudia Wilhelm-Gößling und Frauke Rodewald geleistet.[112] Auch etabliert sich eine bemerkenswerte neurobiologische Forschung zur Dissoziation (Arbeitsgruppe um Bohus, Schmahl und Stiegelmeier).

Die Implementierung einer flächendeckenden Versorgung steht allerdings immer noch aus.[113] Es ist zu hoffen, dass mit dem Bericht des Runden Tisches neue Impulse zur Verbesserung der Versorgungslage gegeben werden.

1.4 Zusammenfassende Kontroverse zu Mythen und Fakten über die Dissoziative Identitätsstörung (DIS)

Wie bereits im Vorwort erwähnt, zeigen sich im Diskurs um die DIS als schwerste Erkrankung im Dissoziationsspektrum die starken Polarisierungsphänomene, die wir als Ausdruck einer Traumadynamik verstehen können, die von Faszination einerseits sowie Abwehr und Verschleierung andererseits geprägt ist. Entsprechend ist die skizzierte Diskussion auch von Missverständnissen, Fehlinformationen oder gar von unfachlich und polemisch vorgetragenen Fiktionen rund um die Validität der Diagnose geprägt. Tabelle 2 gibt einen Überblick über die prominentesten Mythen und jeweils gegenüberstehende Erkenntnisse aus der Forschung.

---

112 Rodewald, Fellensiek & Gast (2006)
113 Wilhelm-Gößling (2011)

Tab. 2: Mythen und Fakten zur dissoziativen Identitätsstörung (DIS) (vgl. Brand et al., 2016).

Mythen und Missverständnisse	Fakten
Die DIS ist eine Modediagnose	Es handelt sich bei der DIS um ein traditionelles psychiatrisches Krankheitsbild, das seit Bestehen der Psychiatrie als Wissenschaft beschrieben wurde (▶ Kap. 1.1.1.–1.1.4). Allein zwischen 2000 und 2014 wurden über 1339 Studien zum Thema DIS publiziert. Zunehmende Evidenz und Expertise aus den Bereichen (Differential-)Diagnostik, Prävalenz und Behandlung stehen dem Mythos der Modediagnose entschieden gegenüber (Brand et al. 2016).
Die DIS zeigt ein florides, dramatisches Erscheinungsbild mit offenkundig wechselnden Identitäten	Dissoziatives Syndrom ist eher diskret und schambesetzt, wird überlagert durch posttraumatische und nicht primär traumaspezifische Symptome; Symptome, insbesondere Wechsel der Identitäten werden meist erst in vertrauensvoller Beziehung gezeigt (ISSTD-Guidelines 2011, Gast & Wirtz 2016, ▶ Kap. 3.1.5).
Die DIS wird primär in Nordamerika von Experten (über-) diagnostiziert	Prävalenzstudien wurden bislang in 14 Studien durchgeführt (u. a. Kanada, Deutschland, Israel, Niederlande, Schweiz, Türkei und USA). Zwischen 2005 und 2013 wurden 70 Studien mit DIS Patienten/innen durch 48 verschiedene Institutionen in 16 verschiedenen Ländern durchgeführt. In 40 % der Studien wurden strukturierte Interviews eingesetzt, was einer fehlerhaften Diagnostik entgegenwirkt (Brand et al. 2016 sowie Kapitel 2.4).
Die DIS ist eine seltene Störung	Bisherige Studien deuten eher darauf hin, dass die DIS eine unterdiagnostizierte Störung ist (▶ Kap. 2.4). Ignoranz und übertriebene Skepsis tragen jedoch zu einer verminderten Wahrnehmung dissoziativer Phänomene und Störungen bei.

Tab. 2: Mythen und Fakten zur dissoziativen Identitätsstörung (DIS) (vgl. Brand et al., 2016). – Fortsetzung

Mythen und Missverständnisse	Fakten
Die DIS ist eher eine iatrogene als eine Traumafolgestörung	Bislang liegt keine Studie vor, die als Evidenz für das soziokognitive Modell gewertet werden kann. Das Trauma-Modell dissoziativer Symptome gilt hingegen als gut belegt (Dalenberg et al. 2014, Brand et al. 2016 sowie Kapitel 2.1).
Die DIS gehört zur selben Entität wie die Borderline Persönlichkeitsstörung	Beide Diagnosen können gemeinsam auftreten und zeigen teilweise eine überlappende Symptomatik. Strukturierte und semistrukturierte Diagnostik ermöglichen die valide Differenzierung beider Diagnosen. Vorläufige Befunde deuten zudem auf unterschiedliche, neurobiologische Korrelate hin (Korzewa et al. 2009, ▶ Kap. 3.3 und 3.4) .
Die Behandlungsmethoden für eine DIS sind schädlich für Patienten/innen	Schädliche Folgen von Behandlungsmethoden bei DIS konnten bislang nicht nachgewiesen werden. Behandlungsstudien auf Basis internationaler und nationaler Behandlungsrichtlinien (ISSTD-Guidelines 2011, Gast & Wirtz 2016) deuten eher auf eine Effektivität und somit Symptomreduktion hin.

Eine schwer einfühlbare psychische Konstellation, widersprüchliche Informationen über das Krankheitsbild in den psychiatrischen Manualen, mögliche Einflussnahme durch Interessengruppen (z. B. False Memory Foundation) sowie eine auf die Traumagenese zurückzuführende individuelle und kollektive Neigung zu Abwehr und Verleugnung stellen also wichtige Faktoren dar, die zur mangelnden Akzeptanz der DIS beitragen und die objektive Meinungsbildung über das Krankheitsbild erschweren. Hinzu kommen die von den Dissoziationsforschern »hausgemachten« Faktoren der unzureichenden Diagnosekriterien und uneinheitlichen Konzepte. Um Letzteres zu überwinden, wird zurzeit an neuen Konzeptualisierungen gearbeitet, worauf im Weiteren ausführlicher eingegangen wird.

1.5 Vorschläge zur Neuordnung der dissoziativen Störungen nach Dell

Die beiden Neuordnungen, die wir hier vorstellen möchten, haben unterschiedliche Argumentationslinien, kommen allerdings zu erstaunlich ähnlichen Ergebnissen. Die Neukonzeptualisierung von Dell wird durch statistische Itemanalysen und taxometrische Forschung untermauert. Letztere wird angewendet, um Klassifikationsprobleme in der Psychopathologie und Fragen zur diagnostischen Validität zu klären. Insbesondere kann so zwischen psychologischen *Typen* (im Sinne eines qualitativen Unterschiedes) und *Variationen eines Kontinuums* (nur quantitative Unterschiede) unterschieden und pathologische Dissoziation identifiziert werden.[114, 115] Die Arbeitsgruppe um van der Hart und Nijenhuis dagegen hat einen ganz anderen zentralen Ausgangspunkt ihrer Theorie-Bildung: Sie bringen Dissoziation in den Zusammenhang mit neurobiologisch und evolutionsbiologisch tief verankerten Reaktionsweisen auf individuelle Bedrohung, wie man sie auch im Tierreich beobachtet, und bauen auf diesen Überlegungen ihr Modell der strukturellen Dissoziation auf. Wie in Tabelle 2 gezeigt wird, führen beide Wege zu vergleichbaren klinischen Einteilungen der dissoziativen Störungen.

1.5.1 Kriterien von Dell

Wie im Kapitel 1.2 beschrieben, haben sich weder ICD noch DSM auf eine Definition festgelegt. Beide Klassifikationen haben unterschiedliche Schwächen. Besondere Beanstandung erfuhren vor allem die Diagnosekriterien für die DIS als schwerste Erkrankung im Symptomspektrum der dissoziativen Störungen. Federführend ist hier vor allem P. F. Dell zu nennen.[116, 117] Mit seinem Artikel »Why the diagnostic criteria for

114 Waller et al. (1996)
115 Gast (2011)
116 Dell (2000)
117 Dell et al. (2001)

dissociative identity disorder should be changed«[118] bemängelt er nicht nur die Enge der bisherigen Diagnosekriterien für DIS, sondern auch deren inhaltliche Konzeption. Methodisch baut Dell seine Argumentationslinie auf einer umfassenden Auswertung von in der Literatur angegebenen subjektiv- phänomenologischen Symptom-Beschreibungen der Patienten mit DIS auf.[119] Daraus stellt er einen Fragebogen zusammen, den er hinsichtlich der Testgütekriterien umfassend prüft.[120] Dell kritisiert eine unangemessene Fokussierung auf ein einzelnes Merkmal, das zudem selten zu beobachten ist, nämlich auf das Vorhandensein wechselnder Persönlichkeitsanteile (auch »alter« im Sinne von Alter-Ego genannt). Die Fokussierung auf diesen Wechsel der Persönlichkeitszustände, die zudem mit Amnesie einhergehen müssen, ignoriere weitere wichtige Informationen und Symptome dissoziativer Störungen.[121] Auch andere Autoren unterstreichen Dells Kritik und beanstanden, dass durch die aktuellen Kriterien die Kernsymptomatik der DIS nur unzureichend abgebildet werde.[122] Zudem wird als problematisch angesehen, dass die bisherigen Kriterien lediglich auf einen Konsens zwischen Experten, nicht aber auf wissenschaftliche und taxometrische Ergebnisse zurückführbar sind. Eine solche taxometrische Überprüfung sei durch die bisherigen Kriterien nicht möglich, jedoch zur Abgrenzung der DIS von anderen Störungsbildern, wie der PTBS,[123] erforderlich. Alles in allem – so Dell – begünstigen die theoretisch und praxisfern ausgerichteten Diagnosekriterien die langandauernde ideologische Kontroverse um die Dissoziative Identitätsstörung (► Kap. 3.1). Er plädiert daher für praktikablere und klinisch relevantere Diagnosekriterien sowie deren sinnvolle Operationalisierung für den klinischen Alltag,[124] um die DIS nicht lediglich auf eine »alter disorder« zu reduzieren.[125]

Basierend auf der kritischen Diskussion und der empirischen Befundlage schlägt Dell ein alternatives Modell zur umfassenden Neuordnung

---

118 Dell (2001)
119 Dell (2002)
120 Dell (2006a/b)
121 Dell (2009a/b)
122 Gleaves, May & Cardena (2001)
123 Wabnitz, Gast & Catani (2013)
124 Dell (2001)
125 Dell (2006a/b), S. 17

dissoziativer Störungen und präziseren Beschreibung vor allem der Dissoziativen Identitätsstörung vor. In seinem *subjektiv-phänomenologischen Modell* sieht Dell Intrusionen als Kernmerkmal dissoziativer Phänomene an, und zwar als wiederkehrende und störende Intrusionen in die eigenen exekutiven Funktionen und der Wahrnehmung des eigenen Selbst durch »self states« bzw. abgespaltene Persönlichkeitsanteile.[126] Die ganze Bandbreite der verschiedenen dissoziativen Symptome lässt sich demnach als Intrusionen in allen Bereichen der menschlichen Wahrnehmung und den ausführenden Funktionen zurückführen. Es sei hier angemerkt, dass die Dominanz von Intrusionen als Kernphänomen dissoziativer Störungen von Nijenhuis und van der Hart[127] insofern relativiert wurde, als neben den Phänomenen positiver Intrusionen eben auch negative Phänomene im Sinne einer Minussymptomatik bestehen.[128] Trotz dieser Einschränkung zeichnet sich das Konzept von Dell durch hohe klinische Relevanz aus und ist weitgehend kompatibel mit dem Modell der strukturellen Dissoziation. Zusammenfassend lassen sich aus dem *subjektiv-phänomenologischen* Modell vier Schlussfolgerungen ziehen:

1. Pathologische Dissoziation kann jeden Aspekt menschlicher Erfahrungen beeinflussen.
2. Die meisten Phänomene pathologischer Dissoziation sind subjektiv und unsichtbar für den Diagnostiker.
3. Es gibt zwei Hauptarten pathologischer Dissoziation: Intrusionen und Amnesien (bei letzterer würden Nijenhuis und van der Hart von Minussymptomatik sprechen).
4. Die meisten dissoziativen Symptome sind nicht vollkommen dissoziiert vom Alltagsbewusstsein.

Dell stellt mit seinem Konzept eine Grundlage zur Verfügung, um komplexe dissoziative Störungen wie die DIS oder die ANBDS anhand nachvollziehbarer, operationalisierbarer Kriterien zu überprüfen. Es berücksichtigt umfassend die in der wissenschaftlichen Literatur ange-

---

126 ebenda
127 Nijenhuis & Van der Hart (2011)
128 ebenda

gebenen Befunde,[129, 130, 131, 132, 133, 134, 135] während die Definition des DSM-IV, DSM-5 und der ICD-10 allenfalls Teilbefunde abdecken und damit immer wieder Kontroversen um die Validität des Konzeptes, insbesondere der DIS begünstigen. Er entwickelt »benutzerfreundlichere« Kriterien, welche auch von weniger erfahrenen Klinikern umgesetzt und angewandt werden können. Die bisherige Kategorisierung würde somit konsistenter werden.

1.5.2 Einfache und komplexe dissoziative Störungen

Dell schlägt eine Einteilung dissoziativer Störungen in *einfache* und *komplexe* Störungsbilder vor[136, 137, 138] (▶ Tab. 2 und Tab. 3). Unter den *einfachen* dissoziativen Störungen findet sich neben der Dissoziativen Amnesie auch die Dissoziative Fugue und Depersonalisation sowie die Somatoforme Dissoziation. Somit vereint Dell erstmalig die Somatoforme Störung und die Störung des Bewusstseins in einer Kategorie, eine Synthese, die in den bisherigen Klassifikationssystemen nicht zu finden ist. Unter den einfachen dissoziativen Störungen werden somit all diejenigen Störungsbilder subsummiert, bei denen eine klinisch relevante Störung des Gedächtnisses oder der Wahrnehmung vorliegt. Er schlägt zudem zur Bestimmung des Schweregrades der vorliegenden Störung verschiedene Kriterien vor, welche sich in drei Bereiche unterteilen lassen. Die A-Kriterien, wie z. B. Gedächtnisprobleme, Depersonalisation und Trancezustände, lassen sich somit den einfachen dissoziativen Störungen zuordnen.

---

129 Boon & Draijer (1991)
130 Boon & Draijer (1993a)
131 Kluft (1998)
132 Nijenhuis et al. (2004)
133 Putnam et al. (1986)
134 Steele, Van der Hart & Nijenhuis (2009)
135 Şar et al. (2006)
136 Dell (2001)
137 Dell (2006a/b)
138 Dell (2009b)

Tab. 3: Diagnostische Kriterien für dissoziative Störungen nach Dell (2001b, 2002, Übersetzung Rodewald, 2005).

A) Ein durchgängiges Muster allgemeinen dissoziativen Funktionierens (mindestens vier der folgenden Symptome):

1. **Gedächtnisprobleme:** Auffällige Erinnerungslücken für die eigene Kindheit, Vergangenheit, den vorherigen Tag, aktuelle Ereignisse, wichtige persönliche Lebensereignisse etc.

2. **Depersonalisation:** Dauerhafte oder wiederkehrende als seltsam bzw. fremd erlebte Wahrnehmung des Selbst, der Gedanken oder des eigenen Körpers, z. B. sich »unwirklich« fühlen, sich als distanzierte BeobachterIn von sich selbst erleben, oder sich als vom eigenen Selbst, den eigenen Gedanken bzw. geistigen Inhalten oder vom eigenen Körper distanziert, entfremdet oder abgetrennt erleben

3. **Derealisation:** Dauerhaft oder wiederkehrend veränderte Wahrnehmung der Außenwelt, so dass diese fremd, unwirklich, entfernt, ungewohnt oder verändert erscheint

4. **Dissoziative oder Somatoforme Flashbacks:**
   Dissoziative Flashbacks (Gefühl, ein traumatisches Erlebnis noch einmal zu durchleben und dabei vollkommen den Kontakt zur Gegenwart, zu Zeit, Ort, Situation bzw. anwesenden Personen zu verlieren)
   Somatoforme Flashbacks (Körpererinnerungen an körperliche Empfindungen aus einem vergangenen traumatischen Erlebnis)

5. **Somatoforme Dissoziation** (z. B. Konversionssymptome): Körperliche oder neurologische Symptome ohne organische Ursache. Mindestens drei der folgenden Beispiele:
   Muskuläre Ausfälle (Lähmungen, Schwierigkeiten beim Laufen, Sprechen, Schlucken oder Wasser lassen, Steifheit)
   Wahrnehmungsstörungen oder -veränderungen (z. B. Blindheit, Taubheit, Ausfall der Körperwahrnehmung, Tunnelblick, auditorische Distanziertheit, Macropsie, Veränderungen von Geschmack oder Geruch)
   Neurologische Symptome (z. B. Krampfanfälle, Schwierigkeiten beim Sprachverständnis)
   Schmerzen, insbesondere im Genitalbereich

6. **Trancezustände:** Wiederkehrende Trance-Episoden, während derer die Person in den Raum starrt, ohne an etwas zu denken und ohne wahrzunehmen, was um sie herum vor sich geht

B) Anzeichen für den teilweise dissoziierten Einfluss von Persönlichkeitsanteilen
(mindestens sechs der folgenden Symptome):

1. **Kinderstimmen:** Die Stimme von einem oder mehreren Kindern hören (normalerweise innerhalb des Kopfes), die sprechen, schreien oder weinen

2. **Innere Dialoge oder Streits:** Stimmen hören, die miteinander sprechen, streiten oder miteinander oder mit der betroffenen Person kämpfen

Tab. 3: Diagnostische Kriterien für dissoziative Störungen nach Dell (2001b, 2002, Übersetzung Rodewald, 2005). – Fortsetzung

3. **Drohende Stimmen:** Stimmen hören, die die Person bedrohen, ihr schaden wollen oder sie beleidigen
4. **Teildissoziierte Sprache:** Sich selbst sprechen hören, aber das Gefühl haben, nicht der-/diejenige zu sein, die spricht bzw. die die Worte wählt
5. **Teildissoziierte Gedanken:** Die Person hat das Gefühl, dass ihr Gedanken eingegeben oder aufgedrängt werden, Gedanken scheinen »aus dem Nichts« zu kommen, auch Gedankenentzug
6. **Teildissoziierte Emotionen:** Gefühle oder Stimmungen scheinen »aus dem Nichts« zu kommen oder die Person hat das Gefühl, dass ihr Emotionen aufgedrängt/eingegeben werden, auch ein plötzliches und unerklärliches »Verschwinden« von Gefühlen
7. **Teildissoziiertes Verhalten:** Die eigenen Handlungen als nicht unter der eigenen willentlichen Kontrolle befindlich erleben, als von außen aufgedrängt oder von einer anderen Person ausgeführt erleben, auch auffallende Änderungen der Handschrift
8. **Zeitweise dissoziierte Kenntnisse und Fertigkeiten:** Plötzliche Wechsel in Fähigkeiten oder Funktionsniveau (z. B. vergessen, wie man Auto fährt, wie man einen Computer bedient, wie man seine Arbeit macht, nicht mehr lesen können etc.) oder das eigene Alter, Namen oder Adresse vergessen
9. **Verunsichernde Erfahrungen von Identitätsänderungen:** Wiederholte Erfahrung, sich wie eine andere Person zu fühlen oder zu handeln (z. B. wie ein kleines Kind, wie eine Angehörige des anderen Geschlechts, wie eine Person mit völlig anderen Ansichten oder Wertvorstellungen etc.)
10. **Identitätsunsicherheit:** Verunsichert oder verwirrt über sich selbst sein (aufgrund von wiederholten ich-fremden intrusiven Wechseln in Gedanken, Einstellungen, Emotionen, Fertigkeiten, Verhaltensweisen, Funktionstüchtigkeit)
11. **Vorhandensein teildissoziierter Selbst-Zustände:** DiagnostikerIn trifft während der Untersuchung auf einen teildissoziierten Selbst-Zustand, der angibt (oder den Anschein erweckt),jemand anders als die untersuchte Person zu sein. Ein teildissoziierter Selbst-Zustand zeigt sich durch
    (a) Co-Bewusstsein der Person für die Aktivitäten des anderen Zustandes und dadurch, dass
    (b) die Person erinnert, was der andere Selbst-Zustand gesagt bzw. getan hat und dadurch, dass
    (c) der Selbst-Zustand als »etwas anderes« erlebt wird.

Tab. 3: Diagnostische Kriterien für dissoziative Störungen nach Dell (2001b, 2002, Übersetzung Rodewald, 2005). – Fortsetzung

C) Hinweise auf voll dissoziierte Handlungen anderer Selbst-Zustände
(mindestens einer der folgenden Punkte (1) und (2) muss zutreffen):
1. **Wiederholte Amnesien für das eigene Verhalten** (wiederholte Episoden folgender beider Aspekte):
   a) **stark lückenhaftes Zeiterleben**
      Zeitverluste: vollständige »Erinnerungslücken« oder »Filmrisse« für zwei Stunden oder mehr
      »Zu sich kommen«, während die Person dabei ist, eine Handlung auszuführen, ohne sich bewusst gewesen zu sein, dies zu tun (z. B. Auto fahren, den Kindern »den Hintern versohlen«, abwaschen etc.)
      Fugues: plötzliche und unerwartete Wechsel von einem Ort zum anderen, ohne dies bewusst entschieden zu haben und ohne sich an die Reise bzw. den Weg von Punkt A nach Punkt B zu erinnern
   b) **Nicht-erinnerbares Verhalten**
      der Person wird **von einer zuverlässigen BeobachterIn über Handlungen berichtet,** für die sie eine vollständige Amnesie hat
      Dinge im eigenen Besitz finden, die man selbst angeschafft haben muss, ohne sich jedoch daran erinnern zu können
      Notizen oder Zeichnungen finden, die man selbst angefertigt haben muss, ohne sich jedoch daran erinnern zu können
      Hinweise auf kürzlich ausgeführte Handlungen (z. B. Beendigung einer Aufgabe, andere Kleidung tragen, eine Mahlzeit zu sich genommen haben etc.), ohne sich an die Ausführung erinnern zu können
      Feststellen, dass man einen **Suizidversuch unternommen hat oder sich selbst verletzt hat**
      (ohne sich erinnern zu können, dies getan zu haben)
2. **Vorhandensein vollständig dissoziierter Selbst-Zustände:** Diagnostikerin trifft auf einen voll dissoziierten Selbst-Zustand, der für sich in Anspruch nimmt, eine andere Person zu sein als die, die untersucht wird. Die Primär-Person hat eine Amnesie dafür, dass die Untersucherin Kontakt mit dem anderen Selbst-Zustand hatte.

Unter den *komplexen* dissoziativen Störungen werden diejenigen Störungsbilder zusammengefasst, bei denen es neben einer Störung der Wahrnehmung und des Gedächtnisses vor allem zu einem veränderten Erleben des eigenen Selbst kommt. Dies entspräche vor allem der Andere Näher Bezeichneten Dissoziativen Störung (ANBDS, Beispiel 1) und der Dissoziativen Identitätsstörung (DIS). So behandeln die B-Kriterien teilabgespaltene Selbstzustände, wie ein als nicht zu sich gehörig erlebte(s) Sprechen, Handeln, Fühlen, Denken, Fertig- und Fähigkeiten. Des

Weiteren können Pseudohalluzinationen wie z. B. kindliche oder dialogische Stimmen, sowie ein verändertes Ich-Erleben oder eine Verunsicherung über das eigene Ich auftreten. In den Kriterien C werden hingegen vollabgespaltene Selbstzustände anhand beobachtbarer oder durch den Patienten verbalisierbarer Symptome (Zeitverlust; Fugue-Episoden; Finden von eigenen Aufzeichnungen, an deren Herstellung man sich nicht erinnern kann; Anzeichen für kurz zurückliegendes, jedoch nicht erinnerbares Verhalten) zusammengefasst. Eine Übersicht über die von Dell vorgeschlagenen Kriterien der Bereiche A, B und C findet sich in Tabelle 3.

Anhand des Kriterienkatalogs lassen sich nun dissoziative Störungen hinsichtlich ihres Schweregrades einteilen. Das Vorhandensein von Symptomen der A-Kriterien, nicht aber der B- und C-Kriterien, lässt auf das Vorliegen einer einfachen dissoziativen Störung schließen. Finden sich jedoch zudem Symptome aus den Bereichen B und C, liegt wahrscheinlich das Vollbild einer komplexen dissoziativen Störung (DIS) vor. Wenn bei einem Patienten Symptome aus den Bereichen A und B, jedoch keine oder nur wenige (< 2) der C-Kriterien zu finden sind, kann die Diagnose einer Anderen Näher Bezeichneten Dissoziativen Störung, Beispiel 1 vergeben werden. Sie gilt für diejenigen dissoziativen Störungsbilder, welche nicht alle Kriterien für eine DIS erfüllen, dieser jedoch sehr ähneln.

Die von Dell vorgeschlagenen Kriterien stellen somit transparente und nachvollziehbare Hilfestellungen für den Kliniker da, die den diagnostischen Prozess erleichtern und verbessern könnten. Auch könnte sie in Bezug auf die Nicht Näher Bezeichnete Dissoziative Störung (im englischen Dissociative Disorder not otherwise specified, DDNOS genannt) eine Neuordnung erleichtern.

Die von Dell vorgeschlagene Einteilung in einfache und komplexe dissoziative Störung hat wichtige klinisch-therapeutische Implikationen. So erfordert das Vorliegen einer einfachen dissoziativen Störung ein therapeutisches Vorgehen, durch welches die Arbeit an auslösenden Situationen und Triggern im Vordergrund steht. Komplexe dissoziative Störungen erfordern hingegen ein störungsspezifisches Vorgehen, dessen Interventionen darauf abzielen, die dissoziierten Persönlichkeitsanteile aktiv in die Therapie mit einzubeziehen. Dies wird ausführlicher im Kapitel 4.3 beschrieben.

1.6 Strukturelle Dissoziation nach van der Hart, Nijenhuis und Steele

Bei der »strukturellen Dissoziation der Persönlichkeit« handelt es sich um ein ätiologisches Entwicklungsmodell basierend auf den Ideen von Janet. Auch dieses Modell versucht – ähnlich wie Dell – eine vereinheitlichende Theorie der Dissoziation einschließlich der DIS zu schaffen und zudem dissoziative Störungen in das Spektrum traumabezogener Störungen einzuordnen.[139]

1.6.1 Primäre, sekundäre und tertiäre Dissoziation

In dem Artikel »Trauma-related dissociation: conceptual clarity lost and found«[140] von Van der Hart, Nijenhuis, Steele und Brown wird eine noch umfassendere Kritik als bei Dell formuliert, die nicht nur die Kategorisierung, sondern darüber hinaus das Konzept der Dissoziation in Gänze auf den Prüfstand stellt. Die Autoren argumentieren, dass die heutigen Konzepte unpräzise sind und dass – je nach Sichtweise – Dissoziation zu weit oder zu eng gefasst wird. Entsprechend kommt es zu einem unangemessenen Einschluss (»overinclusiveness«) z. B. von Absorption, Imaginieren und Tagtraum oder zu einem fehlenden Einschluss (»underinclusiveness«) z. B. von Intrusionen und somatoformen Symptomen in die Kategorie der Dissoziation. Darüber hinaus werfen sie weitere bislang ungelöste Fragen auf: Gibt es »normale Dissoziation« im Gegensatz zu »pathologischer Dissoziation«? Sind Depersonalisation und Derealisation dissoziative Phänomene? Existiert Dissoziation ausschließlich als negatives Symptom im Sinne eines Funktionsverlustes wie bei Amnesie oder umfasst Dissoziation auch positive Symptome wie zum Beispiel Intrusionen? Betrifft Dissoziation ausschließlich psychoforme Symptome oder manifestieren sie sich auch als Körpersymptome im Sinne von somatoformer Dissoziation? Unterscheiden sich Konversionssymptome von somatoformen dissoziativen

---

139 Van der Hart et al. (2006)
140 Van der Hart et al. (2004)

Symptomen? Ist eine Unterscheidung zwischen Konversionsstörungen und somatoformen dissoziativen Störungen gerechtfertigt? Sollten posttraumatische Störungen wie akute Belastungsstörung oder posttraumatische Belastungsstörung grundsätzlich als Angststörungen angesehen werden? Kann ein Spektrum von traumabezogenen Störungen mit einer gemeinsamen psychobiologischen Grundlage angenommen werden? Zur Klärung dieser Fragen empfehlen sie eine Rückbesinnung auf die Sichtweise Janets:

Bei Janet wurde, wie bereits oben beschrieben, Dissoziation ursprünglich als Bezeichnung für Spaltung der Persönlichkeit oder des Bewusstseins verwendet.[141] Er beschrieb Dissoziation als Spaltung zwischen »Systemen von Ideen und Funktionen, welche die Persönlichkeit ausmachen«.[142] Mit »Ideen« meinte er nicht nur Gedanken, sondern psychobiologische Komplexe (Systeme), welche Gedanken, Affekte, Empfindungen, Verhaltensweisen und Erinnerungen umfassten (Nijenhuis et al.[143] bezeichnen diese »Ideen« als mentale Handlungen). Die Persönlichkeit wiederum bezeichnet Janet als eine Struktur, die aus verschiedenen Systemen besteht.

In Weiterführung seiner Theorien entwickelten Nijenhuis, Van der Hart und Steele das Modell der strukturellen Dissoziation.[144] Danach stellt die Dissoziation der Persönlichkeit das Kernmerkmal des Traumas dar. Die Dissoziation oder Aufspaltung vollzieht sich, wenn das Individuum nicht über die Fähigkeit verfügt, belastende Lebensereignisse teilweise oder in Gänze zu integrieren. Dissoziation stellt dabei teilweise eine Anpassungsleistung, in der Regel gleichzeitig aber auch eine Behinderung der Anpassungsfähigkeiten dar. Die Dissoziation der Persönlichkeit vollzieht sich dabei nicht willkürlich oder zufällig, sondern an entwicklungsgeschichtlich vorgegebenen Sollbruchstellen, entlang der »Spalten« zwischen verschiedenen biologischen Systemen. Es kommt – in Anlehnung an Myers[145] zu einer Aufspaltung in einen »anscheinend normalen« Persönlichkeitsanteil (»apparently normal«; ANP) und einen

---

141 Janet (1887)
142 Janet (1907), S. 332
143 Nijenhuis et al. (2008), S. 47
144 Nijenhuis, Van der Hart & Steele (2006)
145 Myers (1940)

»emotionalen« Persönlichkeitsanteil (EP). Eine besondere empfindliche Sollbruchstelle befindet sich dabei zwischen den beiden Hauptkategorien psychobiologischer Systeme, nämlich den Systemen, die der Alltagsbewältigung dienen, und denen, die bei Gefahren aktiviert werden; also denen, die für das Überleben der Art wichtig sind, und denen, die dem individuellen Überleben dienen. Während der ANP das emotionale System für das Überleben der Art und für die Alltagsbewältigung umfasst, beinhaltet der EP das emotionale Verteidigungssystem für das Überleben eines massiv bedrohten Individuums. Bei dieser Form der Aufspaltung sprechen die Autoren von *primärer struktureller Dissoziation*, welche für die Anpassungsstörung und einfache PTSD charakteristisch ist. Es kommt bei diesen beiden Diagnosen also zu einer Abspaltung des emotionalen Persönlichkeitsanteils, der das biologisch vorgegebene Verteidigungssystem in sich trägt.

Bei komplexeren Formen der PTSD (die der Diagnosekategorie Nicht Näher Bezeichnete Dissoziative Störungen oder Andere Näher Bezeichnete Dissoziative Störungen zugeordnet sind) ist zusätzlich auch der emotionale Persönlichkeitsanteil in sich strukturell dissoziiert, was Nijenhuis et al. als *sekundäre strukturelle Dissoziation* bezeichnen. Es liegt dabei eine mangelnde Integration der Verteidigungs-Subsysteme und anderer emotionaler Systeme vor, ausgelöst durch ein größeres Ausmaß an Traumatisierung, als das bei einfacher PTSD vorliegt. Diese Subsysteme umfassen Besorgnis, Flucht, Freezing, Analgesie, Kampf und Unterwerfung mit Anästhesie. Bei der sekundären Dissoziation treten also verschiedene EPs auf: So beinhaltet eine EP das Fluchtsystem, eine andere das Freezing-Verhalten, eine weitere Kampfimpulse und eine vierte Unterwerfung mit Analgesie.

Bei der *tertiären strukturellen Dissoziation* wiederum liegt nicht nur eine Fragmentierung des emotionalen Persönlichkeitsanteils, sondern auch des »anscheinend normalen« Alltagsanteils vor. Tertiäre strukturelle Dissoziation, die das Störungsbild der DIS charakterisiert, tritt in der Regel nicht während des Traumas auf, sondern dann, wenn spezielle unausweichliche Aspekte im Alltag mit dem vergangenen Trauma assoziiert werden, d. h. zu konditionierten Stimuli werden, die die traumatischen Erinnerungen aktivieren. Typische Subsysteme der ANP umfassen Bindung an den Nachwuchs, Berufstätigkeit sowie einen emotional tauben, depersonalisierten und vermeidenden Anteil der Alltagsbewältigung. Entsprechend finden sich bei DIS-Patienten in den verschiedenen Alltagsanteilen sehr charakteristische Aufteilungen: Eine ANP organisiert – in meist depersonalisiertem Zustand – den Alltag, eine andere ANP regelt die die Kinderversorgung (Bindung an den Nachwuchs), eine dritte den beruflichen Alltag, eine weitere lebt sexuelle Bedürfnisse aus usw.

Vergleicht man die Zuordnung der verschiedenen Störungen zur strukturellen Dissoziation mit der Kategorisierung von Dell, gelangt man zu folgender Zuordnung: Krankheitsbilder, die sich durch primäre strukturelle Dissoziation auszeichnen, entsprechen in der Kategorisierung nach Dell (s. o.) den einfachen dissoziativen Störungen, Krankheitsbilder mit sekundärer und tertiärer struktureller Dissoziation entsprechen den komplexen dissoziativen Störungen, wobei die teilabgespaltenen Selbstanteile der sekundären, die vollabgespaltenen Selbstzustände der tertiären Dissoziation zuzuordnen sind (▶ Tab. 4).

Tab. 4: Dell-Kriterien (Dell, 2001, 2003) im Vergleich zum Modell der Strukturellen Dissoziation der Persönlichkeit (Nijenhuis et al. 2007, 2009).

Dell	Nijenhuis et al.
Einfache dissoziative Störungen	**Primäre Strukturelle Dissoziation**
• Amnesie, Fugue, Depersonalisation oder andere einfache Formen dissoziativer Symptome • Mindestens eines der A-Kriterien oder das Kriterium C1.a.3 (einmalige Fugue-Episode) sind erfüllt • Zwei oder weniger A-Kriterien oder eine Fugue-Episode plus ein A-Kriterium	• Entspricht der *einfachen* Posttraumatischen Belastungsstörung und teilweise der akuten Belastungsstörung • Ein emotionaler Persönlichkeitsanteil (EP; meist für *Verteidigung* verantwortlich) und eine anscheinend normale Persönlichkeit (ANP) vorhanden
Generalisierte dissoziative Störung	*Keine äquivalente Kategorie vorhanden*
• Mindestens 4 A-Kriterien sind erfüllt • Keine dissoziative »Spaltung« der Persönlichkeit (keine B- oder C-Kriterien) • Entspricht nach Dell einer Untergruppe der Posttraumatischen Belastungsstörung	

Tab. 4: Dell-Kriterien (Dell, 2001, 2003) im Vergleich zum Modell der Strukturellen Dissoziation der Persönlichkeit (Nijenhuis et al. 2007, 2009).
– Fortsetzung

Dell	Nijenhuis et al.
Komplexe dissoziative Störung (mit teil-abgespaltenen Persönlichkeitsanteilen):	**Sekundäre Strukturelle Dissoziation**
• Mindestens 4 A- und 6 B-Kriterien sind erfüllt • Entspricht der Andere Näher Bezeichnete Dissoziativen Störung, Beispiel 1	• Entspricht der *komplexen* Posttraumatischen Belastungsstörung, der Nicht näher bezeichneten oder Andere Näher Bezeichnete Dissoziativen Störung oder Borderline-Persönlichkeitsstörung • Vorhandensein von einer anscheinend normalen Persönlichkeit (ANP) und mehreren emotionalen Persönlichkeitssteilen (EP; jeweils für unterschiedliche Bereiche wie z. B. *Kampf, Flucht, Submission* verantwortlich) • Sequentielle oder parallele Aktionssysteme
Komplexe dissoziative Störung (mit voll-abgespaltenen Persönlichkeitsanteilen)	**Tertiäre Strukturelle Dissoziation**
• Mindestens 4 A-, 6 B- und 2 C-Kriterien sind erfüllt • Entspricht der Dissoziativen Identitätsstörung	• Entspricht der DIS • Mehrere anscheinend normale Persönlichkeiten (ANP) mit unterschiedlichen Alltagsfunktionen (*Arbeit, Mutter, Ehefrau*) sowie mehrere emotionale Persönlichkeitsteile mit unterschiedlichen Funktionen

1.6.2 Definition der Dissoziation bei Trauma auf Basis der strukturellen Dissoziation

Auf der Basis der vorangestellten Überlegungen stellen Nijenhuis und Van der Hart im Journal for Trauma and Dissociation folgende umfassende Definition vor, in der sie auch die oben aufgeworfenen Fragen beantworten.[146]

»Dissoziation bei Trauma beinhaltet eine Aufspaltung der Persönlichkeit, und zwar des gesamten psychobiologischen Systems, das die charakteristischen mentalen und verhaltensmäßigen Aktionen bestimmt.
Diese Dissoziation der Persönlichkeit stellt das Kernmerkmal des Traumas dar. Sie vollzieht sich, wenn das Individuum nicht über die Fähigkeit verfügt, belastende Lebensereignisse teilweise oder in Gänze zu integrieren. Dissoziation kann in dem Zusammenhang eine Anpassung unterstützen, in der Regel aber auch Anpassung behindern. Die Aufspaltung betrifft zwei oder mehr unzureichend integrierte dynamische, aber äußerst stabile Subsysteme. Diese Subsysteme führen Handlungen aus und können eine beliebige Anzahl von mentalen und verhaltensmäßigen Aktionen und Zustände (implied states) umfassen. Diese Subsysteme und Zustände (states) können ruhend oder aktiviert sein – sowohl nacheinander als auch parallel. Jedes dissoziierte Subsystem, also jeder dissoziierte Anteil der Persönlichkeit trägt eine eigene, zumindest rudimentäre Ich-Perspektive in sich. Jeder dissoziierte Anteil, als auch das Gesamtindividuum kann mit anderen dissoziierten Anteilen und anderen Individuen – zumindest grundsätzlich – in Interaktion treten. Dissoziierte Anteile halten bestimmte biologische Grenzen aufrecht, die sie getrennt belassen; diese Grenzen können sich aber grundsätzlich auch auflösen.
Phänomenologisch manifestiert sich die Aufspaltung der Persönlichkeit in dissoziativen Symptomen, die sich folgender maßen kategorisieren lassen: Negative Symptome (funktionelle Verluste wie Amnesie oder Lähmungen) oder positive Symptome (Intrusionen, Flashbacks, Stimmen); psychoform (Amnesie oder Stimmen hören) oder somatoform (Anästhesie oder Tics).«

Diese Definition hat den Vorteil, dass sie Dissoziation zunächst einmal als spezifische Struktur (im Sinne einer Organisationsform der Persönlichkeit) beschreibt, dass man diese Struktur phänomenologisch an bestimmten dissoziativen Symptomen erkennen kann und dass sich diese Symptome in besonderer Weise kategorisieren lassen. Auf der Basis dieser Definition wird die Diagnose einer Komplexen Intrusiven dissoziativen Störung vorgeschlagen.[147]

---

146 Nijenhuis & Van der Hart (2011), S. 418, Übersetzung: Ursula Gast
147 Nijenhuis et al. (2014)

2 Wie entstehen Dissoziative Störungen?

2.1 Zusammenhang von Trauma und Dissoziation

Schon in den frühen Fallbeschreibungen der dissoziativen Störungen wurde ein Zusammenhang zwischen traumatischen Erfahrungen und Dissoziation beschrieben (u. a. [148], [149]). In den letzten 25 Jahren konnte dieser Zusammenhang zwischen Trauma und Dissoziation durch retrospektive und prospektive Studien gut belegt werden (siehe [150], [151], [152], [153]). Insbesondere kindliche Traumatisierungen in Form von emotionaler, körperlicher und sexueller Misshandlung begünstigen die Entwicklung dissoziativer Symptome und Störungen. Neben diesen Faktoren spielen aber auch emotionale Vernachlässigung und elterliches Fehlverhalten eine ähnlich gravierende Rolle. Die Bindungsforschung hat durch ihre unmittelbare Beobachtung der Interaktion zwischen dem Kind und seinen Beziehungspersonen wichtige Aufschlüsse zum Zusammenhang zwischen Bindung (insbesondere bei desorganisierter Form) und Dissoziation erbracht. So können auch traumatische Erinnerungen der Eltern durch ängstliches oder ängstigendes Verhalten in der Eltern-Kind-Interaktion transgenerational weitergegeben werden.

148 Janet (1889)
149 Prince (1906)
150 Bremner (2010)
151 Nijenhuis et al. (2004)
152 Gast (2003)
153 Dalenberg et al. (2012)

Kasten 4: Trauma und Dissoziation

Kinder, die Traumatisierungen in Form von emotionaler, körperlicher und sexueller Misshandlung ausgesetzt sind, haben ein erhöhtes Risiko zur Entwicklung dissoziativer Symptome und Störungen. Daneben spielen aber auch emotionale Vernachlässigung und elterliches Fehlverhalten und desorganisierte Bindungsform eine ähnlich gravierende Rolle. Auch können traumatische Erinnerungen der Eltern durch ängstliches oder ängstigendes Verhalten in der Eltern-Kind-Interaktion transgenerational weitergegeben werden. Daher ist es nicht sinnvoll, bei dem Auftreten von dissoziativen Störungen, insbesondere bei Depersonalisation und Derealisation, zwangsläufig auf Gewalt in der Kindheit zu schließen. Bei komplexen dissoziativen Störungen, insbesondere bei Dissoziativer Identitätsstörung finden sich in ca. 90 % schwere frühkindliche Traumatisierungen in Form von sexueller körperlicher und emotionaler Gewalt. Traumatisierte Kinder kommen in einer traumatogenen Umwelt in ihrem Alltag besser zurecht, wenn sie traumatische Erfahrungen konsequent »ausblenden«.

2.1.1 Retrospektive Studien

Hierzu liegt eine Reihe von *Korrelationsstudien* bzw. von quasi-experimentellen Gruppenvergleichen vor, die übereinstimmend auf einen Zusammenhang zwischen dem Vorliegen von Kindheitstraumatisierungen und dem Ausmaß an dissoziativen Symptomen hinweisen (▶ Tab. 5). Eine *Meta-Analyse* von über 38 Studien zeigt einen positiven Zusammenhang zwischen sexuellen Gewalterfahrungen in der Kindheit und späteren Symptomen in den Bereichen Angst, Wut, Depression, Retraumatisierung, Selbstverletzung, sexuelle Probleme, Zwanghaftigkeit, Dissoziativität, posttraumatische Reaktionen und Somatisierung.[154] Dieser Zusammenhang bleibt auch bestehen, wenn die Daten hinsichtlich Phantasieneigung kontrolliert werden.[155] Alle Studien geben als retro-

---

154 Neumann et al. (1996)
155 Dallenberg et al. (2012)

spektive Zusammenhangsanalysen Hinweise im Sinne von Indizien auf eine kausale Verbindung zwischen Kindheitstraumata und einer späteren dissoziativen Störung.

Tab. 5: Kindheitstraumatisierungen und Dissoziation – retrospektive Studien (modifiziert und ergänzt nach Rodewald 2005).

Studie	Stichprobe	Ergebnisse
Studien mit nichtklinischen Stichproben		
Becker-Lausen, Sanders & Chincky, 1995	301 Studierende	Kindheitsmisshandlungen korrelieren mit negativen Lebenserfahrungen, wobei Depressivität und Dissoziativität als Mediatorvariablen wirken
Briere & Runtz, 1988	278 weibliche Universitätsangehörige	15 % der Teilnehmerinnen berichten über sexuellen Missbrauch vor dem 15. LJ; diese Frauen berichten über höhere Belastungen mit Symptomen von Dissoziation, Somatisierung, Angst und Depression als die nicht missbrauchten Frauen
Coe, Dalenberg, Aransky & Reto, 1995	447 Studierende	Gewalterfahrungen während der Kindheit korrelieren mit negativem Bindungsstil und erhöhter Dissoziativität
DiTomasso & Routh, 1993	312 Studierende	Positive Korrelation zwischen Missbrauchsvariablen und Dissoziationsscores
Ferguson & Dacey, 1997	110 weibliche Mitarbeiterinnen medizinischer Einrichtungen	Teilnehmerinnen mit einer Vorgeschichte emotionaler Gewalt während der Kindheit berichteten über signifikant schwerere Symptome von Depressionen und Ängsten und über signifikant häufigere dissoziative Symptome als Teilnehmerinnen ohne entsprechende Erfahrungen

Tab. 5: Kindheitstraumatisierungen und Dissoziation – retrospektive Studien (modifiziert und ergänzt nach Rodewald 2005). – Fortsetzung

Studie	Stichprobe	Ergebnisse
Irwin, 1996	Nicht-klinische Stichprobe	Positive Korrelation zwischen Kindheitstraumata und dem Ausmaß an dissoziativen Symptomen sowie ein schwächer ausgeprägter negativer Zusammenhang zwischen der subjektiven Verfügbarkeit von emotionaler Unterstützung während der Kindheit und dem Ausmaß an Dissoziativität
Irwin, 1999	Je 50 männliche und weibliche College-Studenten	Positive Korrelation zwischen Missbrauchsvariablen und pathologischer Dissoziation, nicht jedoch zwischen Missbrauchsvariablen und nichtpathologischer Dissoziation
Mulder, Beautrais, Joyce & Fergusson, 1998	Allgemeinbevölkerung (n = 1028)	6,3 % der Stichprobe leiden unter 3 oder mehr häufig auftretenden dissoziativen Symptomen. In dieser Teilstichprobe lag die Prävalenz für sexuellen Missbrauch 2,5-mal so hoch wie in der restlichen Population, die Prävalenz für körperliche Misshandlung 5-mal und die für das Vorliegen einer akuten psychiatrischen Erkrankung 4-mal so hoch wie in der restlichen Stichprobe. Körperliche Gewalterfahrungen bzw. akute psychiatrische Erkrankungen korrelieren direkt mit dem Ausmaß dissoziativer Symptome, nicht jedoch sexueller Missbrauch
Teicher, Samson, Sheu, Polcari & McGreenery, 2010	Allgemeinbevölkerung (n = 848)	Dosiseffekt von verbaler Misshandlung durch Gleichaltrige auf Angst, Depression, Ärger und Dissoziation

Tab. 5: Kindheitstraumatisierungen und Dissoziation – retrospektive Studien (modifiziert und ergänzt nach Rodewald 2005). – Fortsetzung

Studie	Stichprobe	Ergebnisse
Studien mit Personen mit (zumeist sexuellen) Gewalterfahrungen		
Cloitre, Scarbalone & Difede, 1997	Frauen mit sexuellen Gewalterfahrungen in Kindheit und im Erwachsenenalter (n = 24), nur im Erwachsenenalter (n = 16) bzw. Frauen ohne sexuelle Gewalterfahrungen (n = 16)	In beiden Gruppen von Gewaltopfern zeigen sich ausgeprägte PTB-Symptome, retraumatisierte Frauen zeigen jedoch häufiger alexithyme Symptome und Dissoziationsscores, die auf das Vorliegen einer schweren dissoziativen Störung hindeuten, als Frauen ohne Retraumatisierungen im Erwachsenenalter
Keaney & Farlex, 1997	53 Frauen mit und 30 ohne eine Vorgeschichte sexuellen Missbrauchs	Unabhängig vom Einfluss körperlicher und/oder anderer nicht sexueller Missbrauchserlebnisse in der Kindheit zeigen sexuell missbrauchte Frauen höhere Dissoziationswerte als Frauen ohne eine Vorgeschichte von sexuellem Missbrauch in der Kindheit
Malinosky-Rummell & Hoier, 1991	10 Mädchen die innerhalb der letzten 24 Monate sexuell missbraucht wurden vs. 50 Mädchen ohne sexuelle Gewalterfahrungen	Familiäre Risikofaktoren korrelieren positiv mit dem Ausmaß an Dissoziation, nach statistischer Kontrolle dieses Einflusses zeigen sexuell missbrauchte Mädchen signifikant höhere Dissoziationswerte als Mädchen ohne sexuelle Gewalterfahrungen
Maynes & Feinauer, 1994	226 Opfer sexuellen Kindesmissbrauchs	Positive Korrelation zwischen dem Schweregrad des Missbrauchs und dem Ausmaß an dissoziativen Symptomen und körperlichen Angstsymptomen

Tab. 5: Kindheitstraumatisierungen und Dissoziation – retrospektive Studien (modifiziert und ergänzt nach Rodewald 2005). – Fortsetzung

Studie	Stichprobe	Ergebnisse
Roesler & McKenzie, 1994	188 Opfer (168 w, 20 m) sexueller und nicht-sexueller Gewalt in der Kindheit	Nicht-sexuelle Kindheitstraumatisierungen korrelieren mit höherer Symptombelastung in den Bereichen Depression, Selbstwertgefühl, allgemeine Posttrauma-Symptome, sexuelle Störungen, PTB und Dissoziation. Die Varianzaufklärung liegt zwischen 5,2 % (Posttrauma-Symptome) und 12,3 % (PTB). Sexuelle Kindheitstraumatisierungen korrelieren mit der Symptomausprägung bis hin zu 20,5 % für Dissoziation
Schulte, Dinwiddie, Pribor & Yutzy, 1995	20 männliche Opfer sexuellen Missbrauchs in Kindheit und Jugend	Hohe Prävalenz von affektiven Störungen, Angststörungen, Suchterkrankungen und dissoziativen Störungen
van der Kolk, Pelcovitz, Roth, Mandel et al., 1996	Traumatisierte Menschen mit (n = 395) und ohne (n = 125) Behandlungswunsch	Hohe Interkorrelationen zwischen PTB, Dissoziation, Somatisierung und Affekt-Regulationsstörungen, wobei die Symptomatik nach interpersonellen Traumatisierungen stärker ausgeprägt ist als nach Katastrophen und nach interpersonellen Kindheitstraumatisierungen stärker als nach Traumata im Erwachsenenalter
Zlotnick, Begin, Shea & Pearlstein, 1994	56 Frauen mit einer Vorgeschichte körperlicher oder sexueller Kindheitstraumata	Mit steigender Anzahl der Täter bei sexuellem Missbrauch steigt das Ausmaß an dissoziativen Symptomen; kein Zusammenhang mit dem Alter bei Beginn des Missbrauchs und der Dissoziativität

Tab. 5: Kindheitstraumatisierungen und Dissoziation – retrospektive Studien (modifiziert und ergänzt nach Rodewald 2005). – Fortsetzung

Studie	Stichprobe	Ergebnisse
Zlotnick, Zakriski, Shea & Costello, 1996	74 Frauen mit und 34 ohne eine Vorgeschichte sexuellen Missbrauchs	Frauen mit Missbrauchserfahrungen zeigen schwerere Symptome einer komplexen Posttraumatischen Belastungsstörung inkl. erhöhtes Ausmaß an dissoziativen Symptomen als Kontrollpersonen

Studien mit psychiatrischen bzw. Psychotherapie-Patienten

Studie	Stichprobe	Ergebnisse
Atlas & Hiott, 1994	57 jugendliche Psychiatriepatienten (m/w) mit und 47 ohne Missbrauchserfahrungen	Missbrauchsopfer zeigen signifikant stärkere dissoziative Symptome als die Kontrollpatienten
Atlas, Wolfson & Lipschitz, 1995	19 Psychiatriepatienten (m/w) mit sexuellen oder körperlichen Gewalterfahrungen und 14 ohne Missbrauchserfahrung	Missbrauchsopfer zeigen mehr dissoziative Symptome und Somatisierungen als Patienten ohne Missbrauchserfahrungen
Draijer & Langeland, 1999	160 Psychiatriepatienten (m/w)	Dissoziationswerte lassen sich nach multipler Regressionsanalyse über sexuelle und körperliche Gewalterfahrungen sowie mütterliches Fehlverhalten vorhersagen
Kirby, Chu & Dill, 1993	64 Psychiatriepatientinnen mit körperlichen oder sexuellen Gewalterfahrungen	Positive Korrelation zwischen dem Schweregrad sexueller Gewalterfahrungen bzw. der Häufigkeit körperlicher Misshandlungen und dem Ausmaß dissoziativer Symptome; negative Korrelation zwischen dem Alter bei Beginn der Misshandlungen und der Dissoziativität
Kroll, Fiszdon & Crosby, 1996	38 Patientinnen in ambulanter psychologischer Beratung	Prävalenz sexuellen Missbrauchs 55 %, Dissoziativität korreliert positiv mit einer Vorgeschichte sexuellen Miss-

Tab. 5: Kindheitstraumatisierungen und Dissoziation – retrospektive Studien (modifiziert und ergänzt nach Rodewald 2005). – Fortsetzung

Studie	Stichprobe	Ergebnisse
		brauchs und allgemeinen schlechten Entwicklungsbedingungen in der Herkunftsfamilie
Liptschitz, Kaplan, Sorkenn, Chorney et al., 1996	144 ambulante Psychiatriepatienten (m/w)	Dissoziative Symptome korrelieren positiv mit der Ethnizität sowie wiederholten Missbrauchsepisoden oder Erfahrungen kombinierter Missbrauchsarten in Kindheit oder im Erwachsenenalter; an Missbrauchsvariablen korrelieren wiederholte körperliche Gewalt und Vater-Tochter-Inzest mit der Dissoziativität
Pribor, Yutzy, Dean & Wetzel, 1993	99 ambulante Psychiatrie-Patientinnen	Patientinnen mit hohen Dissoziationsscores und zahlreichen Somatisierungssymptomen berichten häufiger über sexuellen Kindesmissbrauch als Patientinnen mit niedrigen Dissoziationsscores und ohne bzw. wenigen körperlichen Symptomen
Sanders & Giolas, 1991	47 jugendliche Psychiatriepatienten (m/w)	Dissoziationsscores korrelieren positiv mit subjektiven Berichten über das Ausmaß an körperlicher Gewalt bzw. Bestrafung, sexueller Gewalt, emotionaler Gewalt, Vernachlässigung und einer schlechten allgemeinen Atmosphäre im Elternhaus
Zlotnick, Shea, Pearlstein, Begin, Simpson & Costello, 1996	Psychiatriepatientinnen, davon 81 Inzestopfer (Tatzeitpunkt vor 13. LJ) und 38 Gewaltopfer (Tatzeitpunkt nach 17. LJ)	Inzestopfer zeigen höhere Dissoziationswerte als Opfer von körperlicher oder sexueller Gewalt im Erwachsenenalter

Tab. 5: Kindheitstraumatisierungen und Dissoziation – retrospektive Studien (modifiziert und ergänzt nach Rodewald 2005). – Fortsetzung

Studie	Stichprobe	Ergebnisse
Metaanalyse		
Neumann, Houskamp, Pollock & Briere, 1996	Metaanalyse über 38 Studien	Unabhängig von den erfassten Symptombereichen zeigt sich ein positiver Zusammenhang zwischen einer Missbrauchsgeschichte und der Symptomatologie im Erwachsenenalter; für die Bereiche Angst, Wut, Depression, Retraumatisierung, Selbstverletzung, sexuelle Probleme, Zwanghaftigkeit, Dissoziativität, posttraumatische Reaktionen und Somatisierung zeigt sich jeweils ein positiver Zusammenhang mit sexuellen Gewalterfahrungen

2.1.2 Prospektive Studien

Bei der ersten prospektiven Studie handelt es sich um eine Longitudinalstudie mit einer Stichprobe von N = 130 Kindern und einem Langzeitverlauf von 19 Jahren, in der das Bindungsverhalten und der Zusammenhang zu dissoziativem Verhalten und psychopathologischen Auffälligkeiten in der Adoleszenz untersucht wird.[156] Als Stichprobe diente die Minnesota-poverty-sample-Studie.[157] Desorganisiertes Bindungsverhalten, das als Indikator für traumatische Erfahrungen gilt, erwies sich als signifikanter Prädiktor für späteres dissoziatives Verhalten. Außerdem fand sich ein signifikanter Zusammenhang zwischen diesem Bindungsstil und psychopathologischen Auffälligkeiten. Aus der Stichprobe konnten drei Jugendliche mit dissoziativen Störungen iden-

---

156 Carlson (1998)
157 Ogawa et al. (1997)

tifiziert werden, alle drei wiesen als Kind eine desorganisierte Bindung mit der Mutter auf. Ähnliche Ergebnisse werden einige Jahre später in der Studie von Dutra und Lyons-Ruth ebenfalls gefunden.[158]

Eine weitere methodisch sehr aufwendige Studie von McFie[159] untersucht das Ausmaß dissoziativer Symptome bei missbrauchten versus nicht missbrauchten Vorschulkindern (N = 199) über einen längeren Zeitraum. Traumatisierte Kinder zeigten sowohl zu Beginn der Messung als auch bei dem zweiten Messpunkt nach einem Jahr mehr dissoziative Prozesse als nicht traumatisierte Kinder. Zudem stieg der Grad an Dissoziation bei traumatisierten Kindern zwischen Messpunkt 1 und 2 an, während er bei nicht traumatisierten Kindern zurückging. Die Ergebnisse wurden von den Autoren dahingehend interpretiert, dass mit zunehmendem Alter der Kinder die Dissoziation durch physiologische Reifung abnimmt, während traumatisierte Kinder dissoziative Mechanismen offensichtlich als Coping-Strategie »brauchten«. Auch hier finden sich Bestätigungen in den Studien von Hulette, Freyd und Fisher[160] sowie Trickett, Noll und Putnam[161] (▶ Tab. 6). Diese Studien gehen davon aus, dass es eine physiologische Dissoziation im Kindesalter gibt: Bei zu viel oder zu wenig Reizen gehen kleine Kinder spontan in Trance oder in Tagträume. Auch können sie nicht immer sicher zwischen Phantasie und Wirklichkeit unterscheiden. Diese Dissoziationsneigung »verwächst« sich im Laufe der Entwicklung und Zunahme der Realitätskontrolle – nicht jedoch bei traumatisierten Kindern. Diese »brauchen« weiterhin die Dissoziation. Traumatisierte Kinder in einer traumatogenen Umwelt kommen in ihrem Alltag besser zurecht, wenn sie traumatische Erfahrungen konsequent »ausblenden«.[162] Diese ursprüngliche Notfall-, Schutz- und Anpassungsmaßnahme an unerträgliche Belastungen kann sich jedoch zu einem chronischen und sehr umfassenden Vermeidungs- und Verleugnungsverhalten entwickeln.

---

158 Dutra et al. (2009)
159 MacFie et al. (1999)
160 Hulette, Freyd & Fisher (2011)
161 Trickett, Noll & Putnam (2011)
162 So die Interpretation der prospektiven Studien von McFie (1999) und Ogawa et al. (1997)

Tab. 6: Kindheitstraumatisierungen und Dissoziation – prospektive Studien (modifiziert und ergänzt nach Rodewald 2005).

Studie	Stichprobe	Erfassungs-zeitraum	Ergebnisse
Bernier, Hébert, Collin-Vézina, 2013	Kinder mit (n = 48) und ohne (n = 71) erlebten sexuellen Missbrauch	12-Monate-Follow-Up	Kinder mit erlebten sexuellen Missbrauch zeigten eine signifikant höhere Dissoziationsneigung als Kindern ohne erlebten sexuellen Missbrauch. Jungen gaben stärkere dissoziative Symptome an als Mädchen
Trickett, Noll & Putnam, 2011	Multigenerationale Stichprobe über drei Generationen (Anfangs n = 168). Opfer sexuellen Missbrauchs und vergleichbare Kontrollpersonen	6 Messzeitpunkte über einen Zeitraum von 25 Jahren	Opfer sexuellen Missbrauchs zeigten über die meisten Messzeitpunkte hinweg höhere Werte im Bereich Depression, Dissoziation und PTBS im Vergleich zu Personen, die keine traumatischen Erfahrungen gemacht hatten
Hulette, Freyd & Fisher, 2011	118 Pflegekinder und deren Adoptiveltern	8 Messzeitpunkte im Abstand von 3 Monaten über 2 Jahre	Adoptivkinder mit Erfahrungen von Missbrauch in der frühen Kindheit zeigen signifikant schwere dissoziative Symptome im Vergleich zu Adpotivkindern ohne Missbrauchserfahrungen
Dutra, Bureau, Holmes, Lyubchik, & Lyons-Ruth, 2009	56 Kinder und deren Mütter aus Familien mit niedrigem soziökonomischen Status	5 Messzeitpunkte über das Alter des Kindes verteilt: 12 Monate, 18 Monaten, 5 und 7 und 19 Jahre	Dissoziation im jungen Erwachsenenalter wurde durch einen Mangel elterlicher Responsivität und erlebten verbalem Missbrauch im Kindesalter vorhergesagt
Diseth, 2006	42 Patienten (2 Gruppen à 14 Personen mit unterschiedlichen Erkrankungen des	10-Jahre-Follow-Up	Die Anwendung invasiver medizinischer Behandlungen im Kindesalter korrelierte positiv mit der Frequenz und Schwere persistierender

Tab. 6: Kindheitstraumatisierungen und Dissoziation – prospektive Studien (modifiziert und ergänzt nach Rodewald 2005). – Fortsetzung

Studie	Stichprobe	Erfassungs-zeitraum	Ergebnisse
	Darmtraktes sowie eine Gruppe von 14 Personen mit hospitalisierten Kontrollpatienten)		dissoziativer Symptome im Erwachsenenalter. Diese medizinische Prozedur war der einzige Prädiktor für A-DES- und SDQ-20-Werte und einer von zwei Prädiktoren für Werte im DES
Dutra & Lyons-Ruth, 2005	Risiko-Population: 65 Kinder mit ungünstigen Entwicklungsbedingungen aufgrund von Armut in der Herkunftsfamilie	Mehrere Messzeitpunkte über einen Zeitraum von 19 Jahren	Mangelnde Nähe und gestörte emotionale Kommunikation seitens der Mutter in der frühen Kindheit war der stärkste Prädiktor für Dissoziation im Erwachsenenalter
Halligan, Michael, Clark, & Ehlers, 2004	73 weibliche und männliche Opfer körperlicher und sexueller Angriffe	4 Messzeitpunkte im Abstand von je 3 Monaten	Fremd- und Selbstratings traumabedingter Fragmentierung des Gedächtnisses korrelierten positiv mit dissoziativem Erleben
Noll, Tricket, & Putnam, 2003	Vergleich von Frauen mit (n = 77) und ohne (n = 89) erlebten sexuellen Missbrauch	10-Jahres-Follow-Up einer prospektiven Studie	Dissoziative Symptome, physische Aggression und Promiskuität waren in der Gruppe der Frauen mit sexuellem Missbrauch signifikant häufiger als in der Gruppe von Frauen ohne sexuellen Missbrauch
Tricket, Noll, Reiffman, & Putnam, 2001	Vergleich von Frauen mit und ohne intrafamiliären sexuellen Missbrauch	7-Jahres Follow-Up	Frauen mit schwereren Formen sexuellen Missbrauchs (z. B. früher Beginn, Missbrauch durch den Vater) zeigten eine stärkere dissoziative Symptomatik bei der Follow-Up Untersuchung. Frauen mit Missbrauchserfahrung gaben bei beiden Messzeitpunkten eine

Tab. 6: Kindheitstraumatisierungen und Dissoziation – prospektive Studien (modifiziert und ergänzt nach Rodewald 2005). – Fortsetzung

Studie	Stichprobe	Erfassungs-zeitraum	Ergebnisse
			stärkere dissoziative Symptomatik an als Frauen ohne Missbrauchserfahrung
Darvez-Bornoz, Berger, Gegiovanni, Gaillard & Lepine, 1999	102 weibliche Opfer intra-familiärer bzw. extra-familiärer Vergewaltigungen	6-Monate-Follow-up	PTB, dissoziative Störungen, Agoraphobie und Selbstwert-Probleme waren in der Inzest-Gruppe signifikant häufiger als in der Gruppe von Opfern, die von fremden Tätern vergewaltigt wurden
McFie, 1999	Missbrauchte vs. nichtmissbrauchte Vorschulkinder (t1: n = 25; t2: n = 92)	2 Messzeitpunkte im Abstand von 12 Monaten	Missbrauchte Kinder zeigten zu beiden Zeitpunkten höhere Dissoziationswerte als nicht missbrauchte Kinder, wobei das Ausmaß an dissoziativen Symptomen bei missbrauchten Kindern zwischen t1 und t2 anstieg, während es bei nicht missbrauchten Kindern abfiel
Carlson, 1998	157 Kinder und deren Eltern	Mehrere Messzeitpunkte zwischen dem 1. und 19. Lebensjahr der Kinder	Desorganisierte Bindung im Kindesalter war ein signifikanter Prädiktor für dissoziatives Erleben im jungen Erwachsenenalter
Ogawa, Sroufe, Weinfield, Carlson & Egeland, 1997	Risiko-Population: 168 Jugendliche mit ungünstigen Entwicklungsbedingungen aufgrund von Armut in der Herkunftsfamilie	4 Messzeitpunkte in 19 Jahren	Alter bei Beginn, Chronizität und Schweregrad von Traumatisierungen sind eng mit dem Ausmaß an Dissoziation korreliert; vermeidender und desorganisierter Bindungsstil korrelieren positiv mit Dissoziation

Ferner wurde eine Studie von Diseth publiziert,[163] in der ein deutlicher Zusammenhang zwischen gut dokumentierten, medizinischen Traumatisierungen und einer anschließenden dissoziativen Symptomatik im Erwachsenenalter berichtet wurde. Es handelt sich hierbei um Kinder, die ohne einen Darmausgang (Analatresien) zur Welt kommen und die zur Korrektur dieser Anomalie sehr schmerzhaften Behandlungen ausgesetzt waren. Diese Studien belegen, dass die Schwere der Dissoziation im Erwachsenenalter mit dem Alter und dem Beginn der Traumatisierung zusammenhängt, ein Befund der für eine besondere Vulnerabilität im frühen Kindesalter spricht.

2.1.3 Prävalenz belastender Lebensereignisse bei dissoziativer (Identitäts-)Störung

Angesichts der bisher beschriebenen empirischen Ergebnisse zum Zusammenhang zwischen Trauma und Dissoziation ist es naheliegend, dass in Stichproben von hoch-dissoziativen Patienten die Prävalenz von traumatischen Erfahrungen besonders hoch sein muss. So wurde in einer Reihe von Studien aus Nordamerika und Europa übereinstimmend über lang andauernde schwere frühkindliche Traumatisierungen berichtet, meist in Form von sexueller Gewalt, häufig verbunden mit körperlicher und emotionaler Misshandlung sowie extremer Vernachlässigung. Entsprechende Vorerfahrungen wurden regelmäßig von über 90 % der befragten Patienten berichtet. [164, 165, 166] Im Vergleich hierzu liegen die Prävalenzraten für Borderline-Patienten bei 50–75 %.[167, 168] Dalenberg und Kollegen (2010) liefern in ihrem Review zur Evidenz des Trauma- und soziokulturellen Modells der Dissoziation eine Übersicht über den Zusammenhang zwischen Trauma und der Diagnose einer dissoziative Störung. Tabelle 7 gibt eine Übersicht über vier Studien mit Stichproben von > 50 Personen und direkten Vergleichen zwischen Patienten mit

---

163 Diseth (2006)
164 Gleaves (1996)
165 Gleaves et al. (2001)
166 Nijenhuis et al. (2004)
167 Laporte et al. (2011)
168 Ball & Links (2009)

dissoziativen Störungen und unterschiedlichen Vergleichspopulationen. Mit Ausnahme der Studie von Şar und Kollegen wurden traumatische Erfahrungen in 50 bis 100 % aller Teilnehmer mit dissoziativen Störungen berichtet.

Tab. 7: Missbrauch und Traumaerfahrungen bei DIS Patienten im Vergleich zu unterschiedlichen Vergleichsgruppen (aus Dalenberg et al., 2012)

Studie	Vergleichsgruppen	Traumatyp	Traumarate (%)	Effektstärke (φ)
Duffy, 2000	82 DS	PM	57,3	.36
	119 stationäre Patienten		21,8	
	82 DS	SM	51,2	.24
	119 stationäre Patienten		27,7	
	82 DS	TR	75,6	.36
	119 stationäre Patienten		39,5	
Foote et al., 2006	24 DS	PM	70,8	.38
	58 ambulante Patienten		29,3	
	24 DS	SM	75,0	.44
	58 ambulante Patienten		27,5	
Ross & Ness, 2010	266 DIS (weiblich)	PM	83,8	.74
	318 Kontrollpersonen		9,7	
	37 DIS (männlich)	PM	83,8	.78
	184 Kontrollpersonen		4,3	
	266 DIS (weiblich)	SM	90,2	.78

Tab. 7: Missbrauch und Traumaerfahrungen bei DIS Patienten im Vergleich zu unterschiedlichen Vergleichsgruppen (aus Dalenberg et al., 2012) – Fortsetzung

Studie	Vergleichsgruppen	Traumatyp	Traumarate (%)	Effektstärke (φ)
	318 Kontrollpersonen		11,6	
	37 DIS (männlich)	SM	73,7	.75
	184 Kontrollpersonen		2,7	
Şar et al., 2007	115 DS	PM	18,3	.13
	513 ohne DS		8,4	
	115 DS	SM	9,6	.20
	513 ohne DS		1,2	
	115 DS	MH	60,9	.22
	115 ohne DS		32,7	

Anmerkung: Alle Vergleichsgruppen entstammen der Allgemeinbevölkerung soweit nicht anders angegeben. DS= dissoziative Störungen; DIS= dissoziative Identitätsstörung; PM= physischer Missbrauch; SM= sexueller Missbrauch; TR= irgendeine traumatische Erfahrung; MH= irgendeine Misshandlungserfahrung (einschließlich Vernachlässigung).

Obgleich zahlreiche Studien über den Zusammenhang von Trauma und Dissoziation in unterschiedlichen Populationen existieren, ist deren Interpretation durch methodologische Unstimmigkeiten erschwert. Dalenberg et al. (2012) geben eine methodisch gut recherchierte Übersicht über Studien, die (1) Effektstärken über den Zusammenhang von Trauma und Dissoziation bereitstellten oder sich aus den Daten errechnen ließen, (2) Teilnehmer ohne traumatische Erfahrungen in die Analyse eingeschlossen, (3) eine Stichprobengröße von > 50 aufwiesen und (4) Teilnehmer/innen aus klinischen Populationen oder der Allgemeinbevölkerung inkludierten. Die Ergebnisse zeigen, dass der durchschnittliche Zusammenhang zwischen Trauma und Dissoziation bei r. = 32 liegt. Bei sexuellem Missbrauch konnte eine Korrelation von r. = 31, bei physischem Missbrauch von r. = 27 errechnet werden. Während Dalenberg und Kollegen Studien, die sich auf den Effekt von emotionalem Missbrauch auf Dissoziation beziehen, von der Auswertung ausgeschlossen haben, zeigen neuere Ergebnisse, dass erlebter emotionaler Missbrauch ebenfalls mit dissoziativem Erleben zusammenhängt (Haferkamp, Bebermeier, Möllering, & Neuner, 2015).

Der Zusammenhang zwischen traumatischen Erfahrungen und dissoziativem Erleben stellt sich keineswegs als unscharf, sondern als durchweg konsistent und hinsichtlich der Stärke moderat dar.

Angegeben ist jeweils, wie viel Prozent der 100 untersuchten Patientinnen und Patienten über Traumatisierungen in den genannten Bereichen berichten. Bei sexuellen Traumatisierungen wurde zusätzlich zur Gesamtzahl (grauer Balken) erfasst, wie hoch dabei der Anteil inzestuöser Traumatisierungen (dunkler Balken) ist.

Abb. 5: Häufigkeit verschiedener Arten von Kindheits-Traumata bei 100 DIS-Patienten (%); NIMH-Untersuchung von Putnam et al., 1986

Die Formen der Traumatisierungen von DIS-Patienten sollen hier durch die Untersuchung von Putnam et al.[169] exemplarisch vorgestellt werden. Sie kam zu folgenden Ergebnissen (▶ Abb. 5).

Sexuelle Gewalt ist die am häufigsten berichtete Form der Traumatisierung bei Patientinnen mit Dissoziativer Identitätsstörung, meist in Form von Inzest. Häufig handelt es sich um Vater-Tochter-Inzest oder Stiefvater-Stieftochter-Inzest, aber auch von Mutter-Tochter-, Mutter-Sohn- oder Geschwister-Inzest oder inzestuöser Beteiligung mehrerer Familienmitglie-

---

169 Putnam et al. (1986)

der wird berichtet. Neben den Berichten von oralen, genitalen und analen sexuellen Kontakten wird auch regelmäßig über ungewöhnliche »Hygienepraktiken« berichtet, die in sexuell und körperlich missbräuchlicher Form bei den Patientinnen durchgeführt wurden.

Vergleicht man den sexuellen Missbrauch, der von Patientinnen mit Dissoziativer Identitätsstörung berichtet wurde, mit den Aussagen von anderen Missbrauchsopfern, so fällt nach Putnam die extrem sadistische Qualität auf, die DIS-Patientinnen regelmäßig erwähnen. Extreme Gewaltanwendung in Form von Fesselungen, Penetration von Vagina, Mund und Anus mit Instrumenten sowie verschiedene Formen von physischer und sexueller Folter werden berichtet. Viele Patientinnen mit DIS erzählen, dass sie von verschiedenen Tätern oder Tätergruppen sexuell missbraucht wurden, zu Kinderprostitution gezwungen oder von Familienmitgliedern oder von Partnern der Mutter als Sexualobjekt angeboten wurden.

Über körperliche Gewalt wird zusätzlich von ca. 75 % aller DIS-Patienten in verschiedenen Studien berichtet. Die Gewalterfahrung reicht von Mit-Fäusten-Geschlagen-Werden bis zu bizarren Formen körperlicher Folter. Schlagen mit Gegenständen, Verbrennungen mit Streichhölzern oder Bügeleisen, Schneiden mit Rasierklingen oder Glas sind häufig berichtete Erfahrungen. Viele Patienten schildern körperliche Misshandlungen, die in ritualisierter Form von den Missbrauchern praktiziert werden, häufig verbunden mit der Erklärung, dass sie dadurch »gereinigt« würden. Einige DIS-Patient(inn)en berichten zudem von Misshandlungen im Kontext von satanischen und Kult-Ritualen.

Es wurden ebenfalls verschiedene Formen von emotionalem Missbrauch berichtet. Lächerlich machen, Erniedrigungen, Verunglimpfungen und Schuldzuweisungen wurden häufig systematisch in der Kindheit auf die Patienten angewandt. Auch wenn keine reale körperliche Misshandlung praktiziert wurde, wurden viele Kinder mit Androhungen von schwerer Strafe und Gewalt eingeschüchtert. Verschiedene Gegenstände oder sogar Haustiere wurden vor den Augen der Kinder zerstört, als Machtdemonstration dafür, was ihnen zustoßen könnte, wenn sie nicht gehorchen. Viele Kinder wurden von anderen isoliert und ihnen wurde verboten, Spielkameraden zu haben. Sie wurden in ihren Möglichkeiten behindert, zu lernen, praktische Fähigkeiten zu erwerben oder basale medizinische Hilfe in Anspruch zu nehmen.

In den wenigen Fällen, in denen weder Missbrauch noch Misshandlung festgestellt wurden, spielten zumeist andere schwere Traumatisierungen eine Rolle, z. B. extreme Armut oder Zeuge werden von Kriegshandlungen, bei denen eigene Angehörige ums Leben kamen. Auch Traumatisierungen durch langwierige medizinische Eingriffe, verbunden mit Deprivation, lagen bei einigen Patientinnen vor. Es blieben zudem einige Fälle, in denen sich keine solchen schwerwiegenden Belastungssituationen in der Lebensgeschichte der Patientinnen finden ließen (in ca. 2–3 % der Fälle[170, 171]) worauf weiter unten im Zusammenhang mit der Bindungsforschung noch eingegangen wird.

2.1.4 Traumatisierungen im Kontext organisierter und ritueller Gewalt[172]

Eine kleine, aber beachtenswerte Untergruppe von DIS-Patient(inn)en berichtet von sadistischem, ausbeutendem, erzwungenem Missbrauch durch organisierte Tätergruppen. Diese Art von Missbrauch quält Menschen durch extreme Kontrolle in der kindlichen Umwelt und geht oft mit Traumatisierung durch mehrere Täter einher. Organisierter Missbrauch kann in Pädophilennetzwerken, Kinderpornografie- oder Kinderprostitutionsringen, verschiedenen »pseudoreligiösen« Gruppen oder Kulten, Multigenerations-Familiensystemen und Netzwerken, die Menschenhandel oder Prostitution betreiben, stattfinden. Diese Art des systematischen Missbrauchs erstreckt sich auf Aktivitäten, die sexuell pervers, entsetzlich und sadistisch sind. Es kann sein, dass Kinder gezwungen werden, dem Missbrauch anderer beizuwohnen oder sich daran zu beteiligen. In dem Buch »Jenseits des Vorstellbaren« werden Phänomene von ritueller Gewalt beschrieben – sowohl von Seiten der kanadischen Therapeutin A. Miller, als auch von den von ihr behandelten Überlebenden.[173] Auch in Deutschland gibt es eine Reihe von Recherchen[174] und Studien[175] zu dem Thema. Opfer von organisiertem Missbrauch, insbesondere bei fortdauernden missbrauchenden Hand-

170 Putnam et al. (1986)
171 Schultz et al. (1989)
172 Nach ISSTD-Guidelines 2011; siehe Gast & Wirtz (2016), S. 117 ff
173 Miller (2015)
174 Fröhling (2008)
175 Kownatzki et al. (2012); Fliß & Igney (2008); Nick & Richter-Apelt (2016)

lungen, sind oft die am stärksten traumatisierte dissoziative Patienten-
gruppe. Sie sind am anfälligsten für selbstverletzendes Verhalten und
ernsthafte Suizidversuche. Häufig bestehen stark ambivalente Bindungen
zu primären Tätern, und meist zeigen sie komplexe Formen von DIS. Bei
manchen dieser schwer traumatisierten Patient(inn)en tritt zunächst eine
ausgeprägte Amnesie für weite Teile ihrer Vergangenheit auf, und die
Geschichte des organisierten Missbrauchs offenbart sich erst im weiteren
Verlauf der Behandlung.

2.1.5 Dissoziation und Bindung

Neben traumatischen Erlebnissen und Faktoren spielen auch emotionale
Vernachlässigung und elterliches Fehlverhalten eine ähnlich gravierende
Rolle. Die Bindungsforschung hat durch ihre unmittelbare Beobachtung
der Interaktion zwischen dem Kind und seinen Beziehungspersonen
wichtige Aufschlüsse zum Zusammenhang zwischen Bindung und
Dissoziation erbracht.

Ein wichtiges Instrument ist hier eine standardisierte Untersuchungssituation, die nach ihrer Autorin benannte Ainsworth-Strange-Situa-
tion.[176] Es handelt sich dabei um eine strukturierte Beobachtungssituation
im Labor, bei der einjährige Kinder einer moderat stressvollen Situation in
Form einer kurzen Trennung von ihren Eltern ausgesetzt werden. Beobachtet wird das Verhalten des Kindes während der Trennung von der
Bezugsperson sowie nach deren Rückkehr in den Untersuchungsraum. Im
Rahmen dieses Forschungssettings wurden anhand der kindlichen Verhaltensweisen vier charakteristische Bindungsmuster identifiziert: Das
sichere Bindungsverhalten, das unsicher-vermeidende sowie das unsicher
ambivalente Verhalten und schließlich das hier besonders interessierende
desorganisierte/desorientierte Bindungsverhalten.

Bei Kindern mit desorganisiertem/desorientiertem Bindungsverhalten
wurden charakteristische Verhaltensweisen beobachtet, die eine phäno-
typische Ähnlichkeit zu dissoziativen Symptomen bei Erwachsenen
aufwiesen, nämlich tranceähnliche Zustände und dissoziiert erscheinen-
de Handlungsabläufe wie z. B. verlangsamtes oder »eingefrorenes«

---

176 Ainsworth et al. (1978)

Bewegungs- und Ausdrucksverhalten, erstarrte Gesten mit in der Luft erhobenen Armen und Händen etc.[177, 178, 179] In dieser Population mit desorganisiertem/desorientierten Bindungsverhalten fand sich ein sehr hoher Anteil von misshandelten Kindern. Diese Befunde unterstützen die Vermutung von Putman,[180] dass es bei traumatisierten Kindern zu einer mangelnden Modulierung und fehlenden Integration verschiedener angeborener »states« kommt. Wie in den prospektiven Studien bereits beschrieben, zeigt sich im Langzeitverlauf, dass der desorganisierte/ desorientierte Bindungsstil ein wichtiger Prädiktor für die spätere Entwicklung einer dissoziativen Störung ist.[181]

Von besonderem Interesse waren für Main und Hesse[182, 183] aber auch die Unterstichproben von Kindern mit desorganisiertem/desorientiertem Bindungsmuster und gleichzeitig *niedrigem* Trauma-Risiko. Sie befragten die Eltern dieser Unterstichprobe über mögliche eigene traumatische Erfahrungen (z. B. über Missbrauch durch Beziehungspersonen oder den Tod nahestehender Personen). Nachgewiesene mikro-dissoziative Pausen (»lapses«) im Gesprächverlauf, wenn die Eltern über die erfragten traumatischen Erfahrungen berichten, erwiesen sich hierbei als Prädiktor für ein desorganisiertes/desorientiertes kindliches Bindungsmuster. Main und Hesse nehmen an, dass das Verbindungsstück zwischen elterlichen Gesprächslücken und kindlichem desorganisierten Verhalten in Episoden liegt, in denen das elterliche Verhalten ängstlich oder angstmachend wirkt. Vermutlich reagieren die Eltern in diesen Episoden auf partiell dissoziierte Trauma-Erinnerungen, die durch die Interaktion mit dem Kind angestoßen wurden. Dieses induzierte, ursprünglich traumagenerierte elterliche Verhalten konfrontiert das Kind mit so widersprüchlichen Signalen, dass es zu einem Zusammenbruch von Verhaltens- und Aufmerksamkeitsstrategien kommt, wie dies bei desorganisiertem Bindungsverhalten zu beobachten und durch die »lapses« im Untersuchungsgespräch vorhersehbar ist.

---

177 Main & Hesse (1990)
178 Liotti (1992, 1993, 1999)
179 Main & Morgan (1996)
180 Putnam (1994)
181 Carslon (1998)
182 Main & Hesse (1990)
183 Main & Hesse (1992)

Main und Morgan[184] nahmen ferner an, dass traumatische Erinnerungen, die ängstliches oder ängstigendes Verhalten der Eltern hervorrufen, sich später bei einigen Kindern als persönliche (aber falsche) Erinnerung an ein eigenes Trauma, das der von den Eltern erlebten Katastrophe ähnelt, »vermischen« kann, da das kindliche Bewusstsein in den Situationen tranceähnlich verändert war, in denen es das ängstliche/ängstigende elterliche Verhalten beobachtete.[185] Diese Thesen stellen im Zusammenhang mit der Erinnerungsforschung einen wichtigen Beitrag dar, um sowohl die transgenerationelle Weitergabe von traumatischen Erfahrungen als auch die Entstehung von Pseudo-Erinnerungen verständlich zu machen.

2.2 Trauma, Dissoziation und Hirnentwicklung

Ständige traumatische Erfahrungen im Kindesalter haben gravierende Auswirkungen auf die Hirnentwicklung. Wichtige Aufschlüsse darüber, wie sich Bindung im Zusammenhang mit der frühkindlichen Hirnentwicklung vollzieht, und wie sich Bindungsstörungen und Dissoziation auf neurobiologischer Ebene erklären lassen, geben die Darstellungen von Allan N. Schore (▶ Kap. 8).[186] Er zeigt auf, dass die Entwicklung der Bindungsbeziehung eng mit der Entwicklung des Gehirns, insbesondere mit der Reifung des Occipitallappens verbunden ist. Eine mangelnde empathische Regulierung und Spiegelung durch die Mutter, verbunden mit häufiger Aktivierung von Selbsterhaltungssystemen, kann unsicheres Bindungsverhalten bahnen sowie Veränderungen auf der Ebene des Zentralnervensystems im Sinne chronischer Stressreaktionen hervorrufen.

Zudem weiß man inzwischen, dass spezifische Hirnareale bestimmte Zeitfenster der Entwicklung haben, in der sie für Schädigungen beson-

---

184 Main & Morgan (1996)
185 ebenda
186 Schore (2013)

ders anfällig sind. Diese sensiblen Zeitfenster liegen für den Hippocampus zwischen dem 3. und 5. Lebensjahr und später nochmals zwischen dem 11. und 13. Lebensjahr. Der Corpus callosum wiederum ist vom 9. bis zum 10. Lebensjahr, der präfrontale Cortex vom 14. bis zum 16. Lebensjahr besonders störanfällig. Forschungsergebnisse deuten zudem darauf hin, dass frühkindlicher Missbrauch nicht bloß die Wahrscheinlichkeit für die spätere Entwicklung einer psychischen Störung (u. a. dissoziativer Störungen) erhöht, sondern sich auch in biologischen Subtypen verschiedener Störungen manifestieren kann.[187] Denkbar wäre, dass sexueller Missbrauch, wenn er in den für den Hippocampus sensiblen Zeitfenstern erfolgt, die Entwicklung dissoziativer Störungen, insbesondere mit dissoziativen Amnesien begünstigt. Auch gibt es eine Reihe von Befunden, die zeigen, dass früher sexueller Missbrauch sowie andere Misshandlungen das sensorische System beeinflussen. So findet man sowohl bei sexuellem Missbrauch als auch bei der Zeugenschaft häuslicher Gewalt eine Substanzveränderung im visuellen Cortex mit deutlicher Volumenminderung der Grauen Substanz. Auch die Leitungsbahnen zum Limbischen System sind beeinträchtigt. Bei Menschen, die als Kind ausschließlich verbale Gewalt erlebt haben, kann man eine Veränderung im auditiven Cortex nachweisen: Hier ist die Graue Substanz vermehrt und die Weiße Substanz vermindert. Die Weiterleitung sowohl zum Sprach- bzw. Wernicke-Zentrum als auch zum Sprech- bzw. Broca-Zentrum sind beeinträchtigt. Solche Formen von Gewalt könnten spezifische somatoforme Dissoziation begünstigen.

2.3 Neurobiologie und DIS

Neurobiologische Studien zur Dissoziation liegen in Form von neuroanatomischen und psychophysiologischen Messungen vor. Bei den neuroanatomischen Befunden bei DIS-Patientinnen steht der Amygdala-Hippocampus-Komplex im Zentrum der Betrachtung, da dissoziative

---

187 Teicher & Samson (2013)

Symptome des Gedächtnisses mit einer Dysfunktionalität dieser Strukturen in Zusammenhang gebracht werden. Wie auch bei Borderline-Patienten mit positiver Traumaanamnese[188, 189, 190] fand man bei 21 Patientinnen mit komplexen dissoziativen Störungen (DIS/NNBDS) spezifische Atrophien, insbesondere im Bereich des bilateralen Hippocampus, des Gyrus parahippocampalis und der Amygdala. In der Debatte über neurologische Korrelate stimmen die Befunde abnorm kleiner Hippocampi bei DIS-Patientinnen[191, 192, 193] mit der posttraumatischen Genese der Erkrankung überein.

Neurobiologisch weisen Patienten mit DIS abnorm kleine Hippocampi auf.[194] Diese Befunde werden als Ausdruck chronischer neurotoxischer Stressoren angesehen und stimmen mit der posttraumatischen Genese der Erkrankung überein. Ergebnisse einer Metaanalyse[195] sowie die Befunde abnorm kleiner Hippocampi bei erwachsenen DIS-Patientinnen befinden sich in Übereinstimmung mit der posttraumatischen Genese der Erkrankung.

Die aktuelle Befundlage spricht dafür, dass zusätzlich zum Trauma weitere Risikofaktoren, nämlich ein hoher posttraumatischer Stresslevel sowie verminderte Möglichkeiten der Affektregulation,[196] erforderlich sind, um dissoziative Symptome zu entwickeln.

Nijenhuis und Kollegen haben ihre Theorie in neurobiologischen Studien an DIS-Patientinnen überprüft. In funktionellen Hirnuntersuchungen fanden sie je nach aktiviertem Persönlichkeitszustand unterschiedliche psychobiologische Reaktionsweisen: Reinders et al.[197] untersuchten Patientinnen mit DIS, die in der Lage waren, in der Untersuchungssituation kontrolliert aus dem Zustand eines »anscheinend normalen Anteils der Persönlichkeit« (ANP) in den eines »emotio-

188 Irle (2007)
189 Ruocco et al. (2010)
190 Hall et al. (2010)
191 Karl et al. (2006)
192 Vermetten et al. (2006)
193 Ehling et al. (2008)
194 ebenda
195 Karl et al. (2006)
196 Briere (2006)
197 Reinders et al. (2006)

nalen Anteil der Persönlichkeit« (EP) zu wechseln. Sie fanden nicht nur zustandsabhängig unterschiedliche Herzraten, Blutdruckwerte und Herzratenvariabilitäten, sondern auch eine wechselnde Hirnaktivität im PET auf Konfrontation mit traumatischen Erinnerungen. Im Zustand des ANPs zeigte sich eine starke Aktivität in den inhibitorischen Hirnbereichen des rechten mediofrontalen Cortex. Der ANP reagierte also wie eine Patientin mit chronischer Depersonalisation. Im Zustand des EP – insbesondere bei Konfrontation mit traumatischen Erinnerungen – fand sich diese Hemmung jedoch nicht und führt zu einer signifikant geringeren Durchblutung dieser Cortex-Region. Der EP reagiert bei Konfrontation mit dem Traumaskript also wie eine Patientin mit PTSD. Die Autoren interpretieren die Befunde dahingehend, dass im Zustand des überwiegend im Alltag aktiven ANP emotionale Reaktionen auf bedrohliche Situationen und Stimuli stark gehemmt werden, was den Betroffenen dabei hilft, alltägliche Aufgaben relativ gut und unauffällig zu bewältigen. Eine Folgestudie von Reinders et al.[198] bestätigte diese Befunde. Diese Ergebnisse wurden von Gegnern des Dissoziationskonzeptes mit dem Argument angezweifelt, dass die verschiedenen »states« auch suggestiv oder durch gekonntes Schauspielern »gemacht« sein könnten. Die Arbeitsgruppe um Nijenhuis hat daraufhin auch dies geprüft und gezeigt, dass selbst bei geübten Schauspielern oder Menschen mit hoher Suggestibilität sich solche gravierenden innerindividuellen Unterschiede in der Hirnfunktion nicht finden lassen.

Diese ersten neurobiologischen Untersuchungen an Patientinnen mit tertiärer struktureller Dissoziation zeigen also, dass sich für das subjektive Erleben und die klinische Beobachtung verschiedener dissoziativer Phänomene signifikante psychophysiologische Korrelate finden lassen.

Insgesamt erhärtet sich auch durch eine Reihe anderer Studien die Annahme, dass während des dissoziierten Zustands Emotionen und auch Schmerz übermäßig heruntergeregelt werden, und zwar durch eine starke corticolimbische Hemmung, vermittelt durch den präfrontalen Cortex,[199, 200] im Überblick siehe Brand[201]. Es wurde zudem an Borderline-

198 Reinders (2008)
199 Stiglmayr et al. (2009)
200 Schmahl et al. (2006)
201 Brand et al. (2012)

Patienten gezeigt, dass emotionales Lernen im dissoziierten Zustand nicht möglich ist,[202] ein Befund mit wichtigen therapeutischen Implikationen.

2.4 Wie häufig sind dissoziative Störungen?

Bis in die 1980er Jahre hinein ging man davon aus, dass dissoziative Störungen, insbesondere die Dissoziative Identitätsstörung, insgesamt sehr selten seien, wie dies auch in der ICD-10 noch vertreten wird.[203] Die Ergebnisse neuerer internationaler Forschungsarbeiten sprechen dafür, dass dissoziative Störungen kulturübergreifend und regelhaft auftreten, oft jedoch übersehen und/oder fehldiagnostiziert werden. Danach liegen die Prävalenzzahlen für dissoziative Störungen in der Allgemeinbevölkerung in einem Bereich von 1,7 bis 7 %, bei stationären psychiatrischen Patienten im Bereich von 4,3 bis 15 %.[204, 205, 206, 207] Für die DIS gehen Studien von einer Prävalenz von 0,5 bis 1 % bei der Gesamtbevölkerung und von bis zu 5 % bei stationären psychiatrischen Patientenpopulationen aus. Die Studien wurden in kulturell unterschiedlichen Ländern durchgeführt (USA, Kanada, Niederlande, Schweiz, Norwegen, BRD, Türkei). Frauen sind mit einem Verhältnis 9:1 sehr viel häufiger betroffen als Männer. In Risikopopulationen, wie traumatisierten und/oder forensischen Patienten sowie Prostituierten oder Notfallhelfern, liegen die Prävalenzraten deutlich höher[208, 209, 210] (► Tab. 8a und Tab. 8b). Es wird also deutlich, dass die Vermutung in der ICD-10, diese »Störung ist selten, und es wird kontrovers diskutiert, in welchem Ausmaß sie iatrogen oder kulturspezifisch ist«[211] nicht länger haltbar ist.

202 Ebner-Priemer et al. (2009)
203 Dilling, Mombour & Schmidt (2011)
204 Gast et al. (2001a)
205 Gast & Rodewald (2003)
206 Rodewald (2005)
207 Johnson et al. (2006)
208 Gast et al. (2001b)
209 Gast & Rodewald (2003)
210 Şar (2011)
211 Dilling, Mombour & Schmidt (2011), S. 182

Tab. 8a: Prävalenzangaben zu dissoziativen Störungen in der Allgemeinbevölkerung (siehe Gast & Rodewald, 2011; Wabnitz, 2010).

Autor	Land	Stichprobe	Instrument(e)	N	DD[5] (%)	DIS[6] (%)
Akyüz et al. (1999)	Türkei	Repräsentative Bevölkerungsstichprobe	DES[2], DDIS[3]	994	1,7	0,4
Johnson et al. (2006)	USA	Repräsentative Bevölkerungsstichprobe	DDIS[3]	658	8,5	1,5
Ross (1991)	Kanada	Repräsentative Bevölkerungsstichprobe	DES[2], DDIS[3]	435	10	1
Ross, Joshi & Currie (1991)	Kanada	Repräsentative Bevölkerungsstichprobe	DES[2]	1055	5-10	
Şar et al. (2007)	Türkei	Repräsentative Bevölkerungsstichprobe	DDIS[3]	628	18,3	1,1
Şar et al. (2013)	Türkei	Depressive Frauen aus der Allgemeinbevölkerung	DDIS[3]	628	4,1	
Seedat, Stein & Forde (2003)	USA	Repräsentative Bevölkerungsstichprobe	DES-T[4]	1007	2,0	
Vanderlinden et al. (1991)	Niederlande und Belgien	Repräsentative Bevölkerungsstichprobe	DIS-Q[1]	374	3	1
Vanderlinden et al. (1993)	Niederlande	Repräsentative Bevölkerungsstichprobe	DIS-Q[1]	378	2,1	0,5
Vanderlinden et al. (1995)	Ungarn	Repräsentative Bevölkerungsstichprobe	DIS-Q[1]	311	10,6	2,6
Waller & Ross (1997)	Kanada	Reanalyse der Daten von Ross, Joshi & Currie (1991)	DES-T[4]	1055	3,3	

[1]DES = Dissociative Experience Scale, [2]SCID-D = Structural clinical interview for DSM-IV-Dissociative Disorders, [3]DDIS = Dissociative Disorder Interview Schedule, [4]DD = Dissociative Disorders, [5]DIS = Dissociative Disorders, [6]Mini SCID-D: amerikanische Version der Kurzfassung des SCID-D. Fehlende Werte lassen sich dadurch erklären, dass die Kategorie in der jeweiligen Studie nicht erhoben wurde.

Tab. 8b: Prävalenzangaben zu dissoziativen Störungen in allgemeinpsychiatrischen Populationen (siehe Gast & Rodewald, 2011; Wabnitz, 2010).

Autor	Land	Stichprobe	Instrument(e)	N	DD[4] (%)	DIS[5] (%)
Foote et al. (2006)	USA	Ambulant	DDIS[3]	82	29	6
Friedl & Draijer (2000)	Niederlande	Stationär	DES[1], SCID-D[2]	122	8,2	1,6
Gast et al. (2001a)	Deutschland	Stationär	FDS, SCID-D-R[4]	115	4,3	0,9
Ginzburg et al. (2010)	Israel	Stationär	SCID-D	120		0,8
Horen et al. (1995)	Kanada	Stationär	DES[1], DDIS[3]	48	17	6
Latz et al. (1995)	USA	Stationär, Frauen)	DES[1], DDIS[3]	175		12
Modestin et al. (1996)	Schweiz	Stationär	DES[1], DDIS[3]	207	5	0,4
Ross et al. (1991)	Kanada	Stationär	DES[1], DDIS[3]	299		3,3
Ross et al. (2002)	USA	Stationär	SCID-D[2], DDIS[3], klinisches Bild	201	26,9–44,5	7,5–9,6
Saxe et al. (1993)	USA	Stationär, Frauen	DES[1], DDIS[3]	110	15	4
Tamar-Gürol et al. (2008)	Türkei	Stationär, Substanzmissbrauch	SCID-D	104		80
Tutkun et al. (1998)	Türkei	Stationär	DES[1], DDIS[3], klinisches Bild	166	10,2	5,4

[1]DIS-Q = Dissociation Questionnaire, [2]DES = Dissociative Experience Scale, [3]DDIS = Dissociative Disorder Interview Schedule, [4]DES-T = Dissociative Experience Scale Taxon, [5]DD = Dissociative Disorders, [6]DIS = Dissociative Identity Disorder. Fehlende Werte lassen sich dadurch erklären, dass die Kategorie in der jeweiligen Studie nicht erhoben wurde.

Gleichwohl sind die hohen Streubreiten in den Prävalenzzahlen problematisch und unbefriedigend. Die enorme Divergenz hinsichtlich der verwendeten Erhebungsinstrumente zwischen den verschiedenen Studien könnte die hohe Variabilität der berichteten Prävalenzraten erklären. Dennoch weisen die gefundenen Prävalenzzahlen darauf hin, dass komplexe dissoziative Störungen bisher unterdiagnostiziert wurden. In der Tat zeigt eine Reihe weiterer Studien, dass dissoziative Störungen (vor allem komplexe Störungen wie die DIS oder die NNBDS/ANBDS) im diagnostischen Prozess häufig übersehen werden.[212, 213, 214] Im Vergleich mit anderen Diagnosegruppen wie z. B. der PTBS weisen Patienten mit komplexen dissoziativen Störungen typischerweise eine besonders lange Krankheitsgeschichte auf.[215] So sind eine Vielzahl an Vordiagnosen (als komorbide Störungen[216] oder möglicher weise auch als Fehldiagnosen) sowie langjährige Kontakte zu psychosozialen Einrichtungen und Krankschreibungen bei DIS-Patienten besonders häufig vorzufinden.[217, 218] Betrachtet man die Vordiagnosen, wird vor allem deutlich, dass diese häufig atypischer Natur sind (z. B. atypische affektive Störung, atypische Schizophrenie, Persönlichkeitsstörung etc.).[219, 220] Dies spiegelt das komplexe Störungsbild sowie die schwierige Diagnosestellung bei komplexen dissoziativen Störungen wieder. Es kommt daher nicht selten vor, dass DIS-Patienten und Patientinnen durchschnittlich nach 6 bis 8 Jahren erstmalig eine zutreffen Diagnose erhalten und bis zu diesem Zeitpunkt bis zu 10 verschiedene Vordiagnosen haben können.[221] Eine langjährige Hospitalisierung und Odyssee durch das Gesundheits- und Versorgungssystem ist nicht selten die Folge. Patienten mit komplexen dissoziativen Störungen fallen somit immer wieder durch das Netz der psychosozia-

---

212 Boon & Draijer (1993)
213 Ross & Dua (1993)
214 Ross, Norten & Wozney (1989)
215 Wabnitz et al. (2013)
216 Rodewald et al. (2011)
217 Boon & Draijer (1993)
218 Putnam et al. (1986)
219 Kluft (1996)
220 Ross (1997)
221 Dammann & Overkamp (2003)

len Versorgung, was neben enormen Kosten für das Gesundheitssystem schwerwiegende und andauernde Belastungen für Betroffene darstellt und die Prognose für den Behandlungsverlauf nachhaltig negative beeinflussen kann.[222]

---

222 Wirtz & Frommberger (2013)

3 Wie kann man dissoziative Störungen erkennen?

Dissoziative Störungen, so zeigen die oben beschriebenen Prävalenz-Studien, sind keineswegs selten. Es handelt sich vielmehr um Krankheitsbilder, mit denen Ärzte und Therapeuten regelmäßig in Kontakt kommen. Die meisten Patientinnen mit dissoziativen Störungen suchen nicht wegen der dissoziativen Symptomatik therapeutische Hilfe. Vielmehr präsentieren sie in der Regel andere Sekundär- und Folgeprobleme wie z. B. Depressionen, Angst oder Essstörungen, Suchterkrankungen oder Beziehungsprobleme.

3.1 Diagnostische Herausforderungen

Die Diagnostik dissoziativer Symptome ist also dadurch erschwert, dass diese nicht spontan berichtet werden, sondern gezielt erfragt werden müssen. Je nach Art der dissoziativen Störung oder nach charakteristischen Problemen der Patienten ist dies mit unterschiedlichen und spezifischen Herausforderungen verbunden.

3.1.1 Somatoforme Symptomatik

Bei den somatoformen und pseudoneurologischen ausgeprägten dissoziativen Störungen wie dissoziative Störungen der Bewegung und der Sinnesempfindung (F44.4–F44.7), dissoziativer Stupor (F44.2), Trance- und Besessenheitsstörung (F44.3) sind die Funktionsausfälle in der Regel so offenkundig, dass sie nicht übersehen werden können, wie z. B. für psychogene Lähmungen, Sehstörungen oder pseudoneurologische dissoziative Anfälle. Die Schwierigkeit besteht hier darin, bei der somatischen Differential- und Ausschlussdiagnostik bereits frühzeitig an eine psychosomatische Diagnostik zu denken und den Patienten von Anfang an in diese Überlegungen mit einzubeziehen. Dadurch wird der Patient/die Patientin eine psychosomatische Diagnose eher akzeptieren und stärker motiviert sein, an seiner Genesung mitzuarbeiten. Anderenfalls können Störungen in der Arzt-Patienten-Beziehung auftreten, die eine Behandlung erschweren

Beispiel: Frau B. klagte schon seit längerem über anfallartige Dämmerzustände und hatte sich – da sie selber Ärztin ist – bereits über verschiedene, auch seltene neurologische Erkrankungen belesen. Als sie während eines solchen Dämmerzustandes mit einer Glucose-Injektion »behandelt« und anschließend mit der Placebo-Wirkung konfrontiert wird, ist sie regelrecht verstört. Die plötzliche Eröffnung eines psychogenen Geschehens nach aufwendiger neurologischer Diagnostik wurde als so große Beschämung und Kränkung erlebt, dass sie vorerst nicht für eine Psychotherapie zu motivieren war. Erst nach längerer Begleitung durch ihren Hausarzt, mit dem sie über diese Kränkung sprechen konnte, änderte sie ihre Haltung.

3.1.2 Psychogene Symptomatik

Anders stellen sich die diagnostischen Schwierigkeiten bei den stärker psychogen geprägten dissoziativen Störungen wie dissoziative Amnesie (F44.0), Depersonalisation und Derealisation (F 48) sowie der DIS und ihrer Subform (F 44.8) dar. Hier ist die Symptomatik gerade nicht offenkundig, sondern in der Regel eher diskret und aus verschiedenen Gründen schwieriger zu erkennen. Die meisten Patientinnen suchen ja nicht wegen der dissoziativen Kernsymptomatik (Amnesien, Depersonalisation, Derealisation, Trancezustände, Identitätsverunsicherung in Form von als nicht zu sich gehörig empfundenem Denken, Sprechen, Fühlen, Handeln sowie Stimmenhören; evidente Hinweise für nicht erinnerbares Verhalten) therapeutische Hilfe. Sie berichten also nicht spontan oder von sich aus über ihre dissoziativen Symptome. Dies hat verschiedene Gründe: Ein Teil der Betroffenen ist sich seiner dissoziativen

Symptome nicht in vollem Umfang bewusst. Oft wird die Dissoziation (z. B. in Form von Derealisation/Depersonalisation) als chronisches, über Jahre immer wieder erlebtes Symptom als eine Art Normalzustand wahrgenommen.

> *Frau U. wird erst durch die Frage nach Entfremdungserleben bewusst, dass sie ständig »neben sich steht«. Sie erinnert sich dann aber auch daran, dass es Phasen in ihrem Leben gab, in denen sie sich lebendiger gefühlt hat.*

Gravierende Amnesien können aufgrund von Chronifizierungen als »Normalzustand« erlebt werden, insbesondere auch dann, wenn eine Amnesie für die Amnesie vorliegt. Auch hier kann durch das Fragen nach Gedächtnisproblemen und Gedächtnislücken die Wahrnehmung dafür geschärft werden.

> *Frau U. hatte ihren Gedächtnisproblemen überhaupt keine Aufmerksamkeit geschenkt, sie vielmehr als Bestätigung dafür hingenommen, dass sie eben dumm sei, wie sie es ständig von ihren Eltern gehört hatte. So vergaß sie, dass sie teils erhebliche Gedächtnislücken hatte. Erst durch die Fragen der Therapeutin wurde ihr bewusst, dass ihre Gedächtnislücken sehr umschrieben waren und einem bestimmten Muster folgten, das mit mangelnder Intelligenz nicht erklärbar war.*

3.1.3 Probleme mit Scham

Viele Betroffene versuchen, ihre Symptome gezielt zu verstecken oder zu bagatellisieren. Dies kann aus Scham vor sich und anderen heraus geschehen.

> *Frau A. hat über viele Jahre hochqualifiziert in der Computerbranche gearbeitet, sie zieht sehr viel Selbstwert aus ihren intellektuellen Fähigkeiten. Daher ist es für sie beschämend und kränkend, wahrzunehmen und sich einzugestehen, dass sie sich an bestimmte Erlebnisse und Handlungen im Alltag –z. B. das Zurücklegen einer Autofahrt, getroffene Absprachen mit dem Ehemann, das Eingehen bestimmter sozialer Kontakte in der Nachbarschaft – überhaupt nicht mehr erinnern kann.*

Andere wiederum haben die (zum Teil berechtigte) Sorge, aufgrund ihrer Symptomatik für »verrückt gehalten« und als schizophren diagnostiziert zu werden.

Frau C. hat bereits verschiedene Therapie in Anspruch genommen, sich jedoch noch nie getraut, von ihrem »Kopftheater«, von den Stimmen und »Leuten« in ihrem Kopf zu berichten; aus Angst, von der Therapeutin in die Psychiatrie eingewiesen zu werden, behielt sie diese Beobachtung lieber für sich.

3.1.4 Probleme mit Vertrauen

Häufig haben Patientinnen aufgrund ihrer Vorgeschichte mit traumatischen Beziehungserfahrungen große Probleme, sich überhaupt einem anderen Menschen in einer Therapie anzuvertrauen. Wenn sie sich dennoch trauen, präsentieren sie in der Regel eher sozial anerkanntere Sekundär- und Folgeprobleme wie z. B. Depressionen, Angst- oder Essstörungen, Suchterkrankungen oder Beziehungsprobleme.

Frau F. war sich im Laufe einer stationären psychosomatischen Behandlung intensiver als bisher bewusstgeworden, dass sie Stimmen hört. Da sie sehr viel Beschämung und Herabsetzung von ihren Eltern erlebt hatte, kam sie gar nicht auf den Gedanken, sich damit dem Therapeuten anzuvertrauen. Mit ihm arbeitete sie stattdessen weiterhin an den depressiven und sozialphobischen Symptomen und der Essstörung, die sich während des stationären Aufenthaltes jedoch nicht wesentlich besserten.

3.1.5 Probleme durch Fehlvorstellungen bei Therapeuten

Die bisher geschilderten Schwierigkeiten in der Diagnosestellung hängen mit der diskreten, für Patienten schambesetzten und schwer in Worte zu fassenden Beschaffenheit der Symptomatik zusammen. Es kommen aber noch weitere Schwierigkeiten bei der Diagnosestellung hinzu, die vor allem bei der DIS und ihrer Subform eine Rolle spielen und die mit dem Informationsstand über das Krankheitsbild zusammenhängen: Wie schon oben erwähnt, haben viele Therapeuten die Vorstellung, dass die DIS eine seltene Störung mit einem floriden, dramatischen Erscheinungsbild ist. Sie erwarten bei dieser Erkrankung, dass die Patienten offenkundig wechselnde Identitäten präsentieren. In der Tat gibt es diese Erscheinungsform, doch ist sie eher selten. Sie geht oft damit einher, dass Patienten bereits selber an sich die Diagnose stellen:

Frau M. ist 25 Jahre alt und stellt sich in der Psychotherapieambulanz vor, weil sie glaubt, multipel zu sein. Ihre Therapeutin habe sich mit dieser Eröffnung überfordert gefühlt und ihr zu dieser diagnostischen Abklärung geraten. Frau M. berichtet freimütig darüber, dass sie schon seit längerem spüre, dass da »Viele« in ihr seien und dass im Kontakt mit ihrer Freundin »einige auch herauskommen« würden. Sie schildert anschaulich das innere Erleben der »Vielen« und wie es dadurch immer wieder zu sozialen Komplikationen und Irritationen kommt. Schließlich präsentiert sie diese bereits im Erstkontakt: Neben dem relativ unauffälligen, der diagnostischen Situation angemessenen Verhalten im überwiegenden Teil des Interviews wechselt sie zum Ende des Gespräches für einige Minuten in ein kindliches Verhalten. Gestik, Mimik, Stimmintonation und Sprachwahl verändern sich: Die Patientin zieht die Schultern hoch und den Kopf ein, schaut mich schüchtern von unten mit großen Augen an, dreht mit dem Zeigefinger verlegen in ihren Haaren. In kindlicher Stimme fragt sie mich duzend, ob ich die Frau Gast sei. Nachdem ich dies bejaht habe, erklärt sie, dass sie mich »auch mal angucken« wollte. Sie wechselt dann wieder in das ursprüngliche Verhalten zurück und kommentiert ihr kindliches Verhalten sehr verlegen mit der Bemerkung, dass »die Kleine sich wohl mit dem Gucken durchgesetzt« habe.

Wenn zu der DIS mit offenkundiger Dissoziation der Persönlichkeitsanteile auch noch eine histrionische komorbide Persönlichkeitsstörung auftritt, kann dies sehr dramatische und spektakuläre Ausgestaltungen zur Folge haben. Patienten können dann ihr dissoziatives Funktionieren narzisstisch hoch besetzen und ein großes interaktionelles Potential entfalten. Dies kann eine große Herausforderung für Institutionen und Helfersysteme bedeuten.

> *Frau H. nimmt mit verschiedenen psychosozialen Einrichtungen parallel Kontakte auf und beansprucht diese in übermäßiger Weise, ohne dass sich ein stabiles Arbeitsbündnis oder konkrete Therapieziele erarbeiten lassen. Sie stellt sich mit den Worten vor: »Wir sind das Feen-Volk. Wir sind multipel. Kennen Sie sich damit aus? Wir wollen nicht integriert werden.*

Diese oder ähnliche histrionischen und dramatischen Fälle prägen häufig die Vorstellung der Therapeuten, dass dies das typische Erscheinungsbild einer DIS sei. So entsteht jedoch ein verzerrtes Bild über diese Erkrankung.

Wie bei der Diskussion der Diagnosekriterien schon erwähnt (insbesondere ▸ Kap. 1.4), ist es jedoch ausgesprochen selten, dass man bereits im Erstkontakt ein solches Verhalten beobachten kann und Patienten ihre DIS so durchgängig offenkundig machen. Nach Kluft sind es ca. 6 % der DIS-Patienten; er spricht von einem offenen »Fenster der Diagnostizierbarkeit«. Ein gutes Beispiel für diese offene Form der DIS ist die Serienheldin *Tara Gregson* aus der US-amerikanischen Fernsehserie United States of Tara, die in Deutschland als »Taras Welten« ausgestrahlt wurde und auf der Website der ISSTD ausführlich wissenschaftlich kommentiert wird. Die Sendung »Tara« gibt einen guten Einblick in das »Funktionieren« der verschiedenen Persönlichkeitsanteile und auch in die Beziehungsprobleme, die daraus erwachsen können. Allerdings sollte man sich vergegenwärtigen, dass dieses offene Präsentieren der DIS relativ selten ist.

Stattdessen zeigt der typische DIS-Patient eine polysymptomatische Mischung aus dissoziativen und posttraumatischen Symptomen, die in eine Matrix von nicht primär traumaspezifischen Symptomen eingebettet sind (z. B. Depression, Angstsymptome, Substanzmissbrauch, psychosomatische Symptome, Essstörungen usw.). Das Vorherrschen dieser vertrauten Symptome führt oft dazu, dass Therapeuten nur diese komorbiden Störungen diagnostizieren. Dies kann jedoch eine langwierige und nicht sonderlich erfolgreiche Behandlung zur Folge haben, wie bereits oben bei Frau F. beschrieben.

Aus den geschilderten Gründen ist es zur Diagnostik unerlässlich, aktiv nach dissoziativen Symptomen zu fragen. Das offene klinische Interview sollte im Falle von Verdachtsmomenten gegebenenfalls durch dissoziationsspezifische Screening- und Diagnose-Instrumente ergänzt werden. Zudem ist der Aufbau einer vertrauensvollen Beziehung Voraussetzung für eine genaue Diagnosestellung. Nur dann werden Patienten auch entsprechende valide Angaben machen. Hilfreich ist gerade bei den Symptomen mit intrusivem Charakter die häufig entlastende Information, dass dissoziative Störungen nicht mit einer Psychose und »verrückt sein« gleichzusetzen sind (▶ Kap. 3.7.1). Ferner muss bei der Diagnostik bedacht werden, dass durch das Erfragen dissoziativer Symptome auch deren Auslöser, nämlich belastende und/oder traumatische Erfahrungen mit angestoßen werden können. Es ist daher eine vorsichtige Herangehensweise notwendig, um ein Überfluten mit traumatischen Erinnerungen zu vermeiden (▶ Kap. 3.7.2, Fallbeispiel).

3.2 Diagnosestellung nach Kriterienkatalog von Dell

Eine Orientierung zur Diagnosestellung bietet der schon erwähnte Kriterienkatalog von Dell[223, 224] (▶ Tab. 3). Funktionsstörungen im Bereich des Gedächtnisses und der Wahrnehmung äußern sich in den unter Kriterium A aufgeführten Symptomen. Hierzu gehören: Gedächtnisprobleme, Depersonalisation, Derealisation, Trancezustände, Flashbacks sowie somatoforme Dissoziation. Die Manifestation teil-abgespaltener Selbst-Zustände (Kriterium B) mit der damit einhergehenden Dissoziation des Selbsterlebens äußert sich in permanenten Störungen der alltäglichen Funktionen: Patienten erleben u. a. als nicht zu sich gehörig empfundenes Denken, Sprechen, Fühlen, Handeln sowie Stimmenhören. Diese dissoziierten, ichdystonen Wahrnehmungen einschließlich des Stimmenhörens haben – in Abgrenzung zur Schizophrenie – pseudohalluzinatorischen Charakter, d. h., die Patienten sind sich ihrer Trugwahrnehmung in der Regel durchaus bewusst. Beim Vorliegen voll-abgespaltener Selbst-Zustände (Kriterium C) findet man wiederkehrende evidente Hinweise auf

---

223 Dell (2009)
224 Dell (2002)

zurückliegendes Verhalten, an das man sich nicht erinnern kann. Die Betroffenen berichten über teilweise sehr drastische Erinnerungslücken – so wird zum Beispiel die erst kurz zurückliegende eigene Examensprüfung, der gesamte Urlaub oder die Geburt des eigenen Kindes nicht mehr erinnert. Oder es ist – wie später in der Behandlung im Fallbeispiel von Frau K. – ein mehrwöchiger Aufenthalt in unserer Klinik vorübergehend nicht mehr erinnerbar. Auch berichten Patientinnen und Patienten von Rückmeldungen aus dem Familien- und Bekanntenkreis über Verhalten, an das sie selbst keinerlei Erinnerungen haben. Amnesien für impulshaftes Verhalten wie Essanfälle, Selbstverletzungen oder Suizidversuche können wichtige Hinweise auf das Vorhandensein dissoziierter Selbst-Zustände geben. Weitere C-Kriterien finden sich in Tabelle 2. Sind eine vorgegebene Mindestanzahl an A-, B- und C- Kriterien erfüllt, liegt das Vollbild einer DIS vor. Liegen weniger C-Kriterien vor, würde man die Subform, die Andere Näher Bezeichnete Dissoziative Störung (ANBDS, Beispiel 1) diagnostizieren. Der vorgestellte Kriterienkatalog von Dell spezifiziert die im DSM-IV und in der ICD-10 bislang abstrakt dargestellten Kriterien und stellt Entscheidungsmerkmale zur Verfügung, anhand derer das Vorhandensein abgespalteter Selbst-Zustände diagnostiziert werden kann.

3.3 Differentialdiagnose

Differentialdiagnostisch muss aufgrund der Symptomüberlappung der B-Kriterien nach Dell mit den Schneider'schen Symptomen eine Schizophrenie ausgeschlossen werden. Ausschlaggebend sind hierbei der pseudohalluzinatorische Charakter der dissoziierten Wahrnehmungen (insbesondere des Stimmenhörens) und die insgesamt erhaltene Realitätskontrolle. Bei der DIS fehlen also die meisten formalen Denkstörungen wie Wahnwahrnehmung und paranoide Symptome, während bei der Schizophrenie wiederum die C-Kriterien nach Dell[225, 226] in Form

---

225 Dell (2001)
226 Dell (2002)

gravierender und charakteristischer Gedächtnisstörungen nicht vorhanden sind.

Kasten 5: Differentialdiagnose dissoziative Störungen

Therapeuten sollten sowohl gegenüber falsch positiven als auch falsch negativen Diagnosen von DIS wachsam sein. Denn dissoziative Symptome sind klinisch weit verbreitet: Sie kommen nicht nur bei dissoziativen Störungen vor, sondern auch bei Borderline- und anderen nicht dissoziativen Störungen (z. B. bei Posttraumatischen Belastungsstörungen, Somatisierungsstörungen, Psychosen und Angststörungen). Auch deutet nicht jede Amnesie oder Symptome einer »Identitätsfragmentierung« und Altersregression zwangsläufig auf eine DIS hin.

Bei länger anhaltenden Reaktionen können die dissoziativen Symptome jedoch einen subjektiven und objektiven Beeinträchtigungsgrad erreichen, der die Zuordnung als eigenständige manifeste dissoziative Störung rechtfertigt und entsprechend im Behandlungsplan Berücksichtigung finden muss.

Ausgeschlossen werden müssen auch eine Borderline-Persönlichkeitsstörung, affektive Störungen und Angsterkrankungen, welche jedoch auch zusätzlich zur DIS in komorbider Form vorliegen können.[227] Die Abgrenzung zur Borderline-Persönlichkeitsstörung kann dadurch erschwert sein, das hier ebenfalls häufig ausgeprägte dissoziative Symptome vorliegen können. Die Beeinträchtigung des Identitätserlebens ist jedoch nicht derart tiefgreifend, dass das eigene Handeln, Wahrnehmen und Erinnern einer »anderen Person« zugeordnet wird, entsprechend fehlen auch hier die C-Kriterien nach Dell (▶ Tab. 2).

Differentialdiagnostisch muss an die bislang seltene artifizielle oder vorgetäuschte DIS gedacht werden, bei der Symptome eines Persönlichkeitswechsels eher plakativ präsentiert werden,[228, 229, 230] ebenso an iatrogene Identitätsaufspaltung durch unsachgemäße Psychotherapie

---

227 Putnam (2003)
228 Draijer & Boon (1999)
229 Gleaves (1996)
230 Thomas (2001)

(▸ Kap. 5.5). Im forensischen Kontext können vorgetäuschte Fälle auftreten, wie in dem Thriller »Primal Fear« (1996) beschrieben: Der Rechtsanwalt Martin Vail (Richard Gere) verteidigt den Ministranten Aaron (Edward Norton), dem der Mord am katholischen Erzbischof vorgeworfen wird. Norton – davon ist Vail überzeugt – hat die Diagnose einer Dissoziativen Identitätsstörung. Doch dieser täuscht sie nur vor, um mildernde Umstände zu erwirken. Er »fakt« dies sehr überzeugend. Allerdings wird in dem Film auch gezeigt, dass eine sorgfältige und spezifische Dissoziationsdiagnostik nicht durchgeführt wurde; dies ist jedoch gerade im forensischen Kontext besonders wichtig. Hinweise hierzu finden sich bei Steinberg et al.[231] Dennoch können natürlich auch valide Diagnosen bei Straftätern auftreten. Ferner müssen Suchterkrankungen, Drogenkonsum sowie Temporallappenepilepsien ausgeschlossen werden;[232] Die Romanfigur von Dr. Jekyll und Mister Hyde ist ein häufig erwähntes Beispiel einer DIS bzw. einer multiplen Persönlichkeit[233] – es handelt sich dabei aber möglicherweise um eine falsch positive Fehldiagnose. Die drastischen Wesensveränderungen, die in dem Roman beschrieben werden, treten nämlich ausschließlich im Zusammenhang mit der Einnahme eines »Verwandlungselixiers« auf,[234] so dass es sich hierbei auch um eine drogeninduzierte Persönlichkeitsveränderung handeln könnte. Bei dissoziativer Symptomatik sind also wichtige Ausschlusskriterien zu beachten und immer nach Drogenkonsum sowie nach neurologischen und internistischen Erkrankungen zu fragen.

3.4   Komorbiditäten

Die beschriebene Phänomenologie ist oft durch komorbide Symptome und Störungen überlagert. Am häufigsten sind bei der DIS Affektive

---

231 Steinberg et al. (2000)
232 Putnam (2003)
233 Freyberger et al. (2007)
234 Stevenson (1886/2004)

Störung v. a. Major Depression; Angststörung, v. a. Panikstörung; Substanzmissbrauch; Somatoforme Störungen; Essstörungen, v. a. Bulimia Nervosa.[235, 236] Das DSM-IV nennt darüber hinaus posttraumatische Symptome, Konversionssymptome (Pseudoanfälle), eine ungewöhnliche Fähigkeit zur Kontrolle von Schmerzen sowie eine Vielzahl von körperlichen Beschwerden wie Kopfschmerzen, Reizkolon, Asthma oder Schlafstörungen als typische Begleitsymptome einer Dissoziativen Identitätsstörung. In unserem Fallbeispiel lassen sich bei Frau K. die komorbiden Diagnosen einer Depression (ICD 10 F 32.1), einer Panikstörung (41.0) sowie einer PTSD stellen (F43.1), ebenso Schlafstörungen und ungewöhnliche Schmerzkontrolle. Zudem ist suizidales und/oder selbstverletzendes Verhalten bei DIS-Patienten auffällig häufig vorhanden; laut Studienlage berichteten 67 % der Patienten mit dissoziativen Störungen von wiederholten Suizidversuchen und 42 % von vorherigem selbstverletzenden Verhalten.[237, 238, 239] Zusätzlich haben 30 bis 70 % der DIS-Population eine diagnostizierte Borderline-Persönlichkeitsstörung.[240, 241, 242, 243, 244, 245, 246] Möglicherweise ist jedoch eine dekompensierte posttraumatische und dissoziative Symptomatik für die Instabilität verantwortlich ist und führt entsprechend zu einer hohen Rate von Borderline-Diagnosen, die nach erfolgter Stabilisierung revidiert werden muss.[247, 248, 249]

---

235 Gleaves et al. (2001)
236 Saxe et al. (1993)
237 Foote et al. (2008)
238 Putnam et al. (1986)
239 Ross & Norton (1989a)
240 Boon & Draijer (1993)
241 Dell (1998)
242 Ellason et al. (1996)
243 Horevitz & Braun (1984)
244 Korzewa et al. (2009)
245 Ross et al. (1991)
246 Şar et al. (2006)
247 Brand & Loewenstein (2010)
248 Loewenstein (2007)
249 Ross (1997)

3.5 Unspezifische diagnostische Hinweise

Wegen der oft diskreten Symptomatik und komorbiden Überlagerungen ist es sinnvoll, auf unspezifische diagnostische Hinweise zu achten, die auf eine mögliche dissoziative Störung, insbesondere auch auf DIS, hindeuten. Hierzu gehören:

- traumatische Erfahrungen in der Kindheit,
- Misslingen vorhergehender Behandlungen,
- drei oder mehr Vordiagnosen, insbesondere als atypische Störungen (Depressionen, Persönlichkeitsstörungen, Angststörungen, Schizophrenie, Anpassungsstörungen, Substanzmissbrauch, Somatisierungs- oder Essstörungen),
- selbstverletzendes Verhalten, gleichzeitiges Auftreten von psychiatrischen und psychosomatischen Symptomen, starke Schwankungen und Fluktuationen in Symptomatik und Funktionsniveau.

Darüber hinaus sollte auf subtile diagnostische Hinweise geachtet werden. Wichtige Leitsymptome für dissoziative Störungen sind die Amnesie sowie wiederholte, chronische Entfremdungserlebnisse in Form von Depersonalisation und Derealisation. Für schwere dissoziative Störungen (DIS und ein Teil der ANBDS) gilt zudem das Stimmenhören im Kopf, Beeinträchtigungserleben und Identitätswechsel im Sinne eines objektivierbaren Verhaltens, das die Manifestation der verschiedenen Identitäten anzeigt. Identitätswechsel ist hierbei nicht mit dem Phänomen gleichzusetzen, dass ein Mensch bewusst unterschiedliche Rollen annimmt und sich wie verschiedene Personen verhält. Vielmehr handelt es sich um folgende mögliche Phänomenologie: nicht erinnerbares Verhalten; Finden von Sachen, an deren Erwerb man sich nicht erinnern kann; das Hören von Stimmen, die meist *im* Kopf lokalisiert werden und die sich von halluzinatorischem Erleben durch die erhaltene Realitätsprüfung der Patienten und Patientinnen unterscheiden; ein fortlaufender innerer verbaler oder schriftlicher Dialog zwischen den dissoziierten Persönlichkeitsanteilen; spontane Altersregression mit dem Gefühl, ein kleines Kind zu sein und traumatische Erfahrungen wiederzuerleben, sowie das Verwenden von der dritten Person (»er«, »sie« oder »wir«) für sich selbst.

3.6 Standardisierte Messinstrumente

Standardisierte Messinstrumente erfragen diese Symptomatik systematisch. Sie unterstützen und optimieren dabei die Diagnosestellung, da sie die Untersuchung unabhängiger von der Person des bzw. der Untersuchenden machen und Kriterien zur Beurteilung der Ergebnisse bieten. Hierbei ist zwischen Such-Instrumenten und Diagnose-Instrumenten zu unterscheiden. Im Folgenden sollen zwei wichtige Instrumente näher vorgestellt werden:

3.6.1 Fragebogen für Dissoziative Symptome, FDS

Das international am häufigsten eingesetzte Screening-Instrument ist die *Dissociative Experiences Scale* (DES).[250] Dieser Fragebogen wurde ins Deutsche übersetzt und um eine Skala zu Konversionssymptomen erweitert (Fragebogen für Dissoziative Symptome, FDS).[251] Es handelt sich um einen Selbstbeurteilungsfragebogen mit 44 Items. Die Befragten schätzen auf einer 100er Rating-Skala (Skalenverankerung 0 = niemals, 100 = immer) ein, wie häufig die vorgegebenen Beispiele dissoziativer Erfahrungen bei ihnen selbst auftreten. Als Gesamtscore wird der Mittelwert aus den 44 Häufigkeitseinschätzungen gebildet. In internationalen Studien (mit dem DES) wird ein Gesamtwert von 15 bis 25 als Cut-off-Wert angegeben, ab dem das Vorliegen einer pathologischen dissoziativen Störung bei den Befragten wahrscheinlich ist. In diesem Falle ist es sinnvoll, die Symptomatik mit einem strukturierten Interview differentialdiagnostisch abzuklären.

3.6.2 Somatoform Dissociation Questionnaire, SDQ-20

Anders als der FDS widmet sich der *Somatoform Dissociation Questionnaire* (SDQ-20)[252] eher körperlichen Manifestationen einer dissozia-

---

250 Bernstein & Putnam (1986)
251 Freyberger et al. (1999)
252 Nijenhuis et al. (1998b)

tiven Symptomatik. Angelehnt an das Konzept der Somatoformen Dissoziation, bei dem neben einer Dissoziation des Geistes auch die Dissoziation von Körperfunktionen im Mittelpunkt steht, erfasst der Fragebogen verschiedene psychophysiologische Symptome. Die Langversion des SDQ mit 20 Items erfasst Symptome in den Bereichen motorische Beeinträchtigung, intermittierende Schmerzsymptome oder Schmerzunempfindlichkeit[253] und überzeugt mit guten Testgütekriterien.[254] Eine Deutsche Version findet sich bei Huber[255]. Dem Kliniker gibt das Inventar die Möglichkeit, somatoforme Symptome, die sich auf eine dissoziative Symptomatik zurückführen lassen, zu erfassen und mit dem Patienten zu besprechen.

3.7 Strukturiertes Klinisches Interview für Dissoziative Störungen, SKID-D

Als Standard-Instrument zur operationalisierten Diagnostik gilt das *Structured Clinical Interview for DSM-IV-Dissociative Disorders* (SCID-D[256, 257]). Das Interview liegt inzwischen auch als deutsche Bearbeitung mit entsprechendem Manual vor (Strukturiertes Klinisches Interview für Dissoziative Störungen, SKID-D[258] und Manual zum SKID-D[259]). Es handelt sich um ein halbstrukturiertes Interview, das eng an den Diagnosekriterien des DSM entwickelt wurde.[260]

Das Interview erfasst in fünf Kapiteln systematisch das Auftreten und den Schweregrad der dissoziativen Hauptsymptome und erlaubt eine Differentialdiagnostik der verschiedenen Formen dissoziativer Störungen

---

253 Rodewald (2005)
254 Overkamp (2005)
255 Huber (2003)
256 Steinberg (1994a)
257 Steinberg et al. (1993)
258 Gast et al (1999a)
259 Gast et al. (1999b)
260 Eine DSM-5-Version liegt für den SKID-D bislang noch nicht vor.

nach dem DSM. Jedes Teilkapitel beginnt mit allgemein gehaltenen Screeningfragen.

Werden diese positiv beantwortet, folgt eine Reihe spezifischerer Fragen zur systematischen Abklärung und Validierung der Symptomatik. Auch wird das quantitative Ausmaß anhand subjektiver und sozialer Beeinträchtigungen erfasst.

So wird zur *Amnesie* gefragt, ob Patienten jemals das Gefühl gehabt haben, dass es größere Lücken in Ihrem Gedächtnis gäbe. Wenn dies bejaht wird, wird um eine genauere Beschreibung gebeten, woran sie diese Lücken bemerkt und wie oft dies vorgekommen sei. In einem anderen Item wird danach gefragt, ob es jemals Stunden oder Tage gegeben habe, die zu fehlen schienen oder für die sich die Patientin keine Rechenschaft ablegen könne? Es wird weiter gefragt, wie viel Zeit gefehlt habe und wie oft dies passiert sei.

Zur *Fugue* wird erfragt, ob man sich jemals an einem Ort wiedergefunden habe, ohne sich daran erinnern zu können, wie man dorthin gekommen sei. Auch hier lässt man sich das Erlebte genauer beschreiben und fragt nach der Häufigkeit und Schweregrade. So wäre z. B. eine gelegentliche Vergesslichkeit mit Amnesien von Minuten als leicht zu werten (Grad 2). Eine mäßige Amnesie läge z. B. dann vor, wenn es mehrere umschriebene »Aussetzer« von bis zu mehreren Stunden gäbe (Grad 3). Als schwer gälten anhaltende amnestische Episoden von mehreren Stunden und länger oder so ausgeprägte Erinnerungsprobleme, die mit normaler Vergesslichkeit nicht erklärt werden können. Patienten und Patientinnen berichten dann z. B., dass sie sich an eine Prüfung, die eigene Hochzeit oder die Geburt des Kindes nicht mehr erinnern können oder dass sie plötzlich nicht mehr wissen, wie man Klavier spielt, obwohl die Betroffene ein paar Tage zuvor noch ein Konzert gegeben hat. Die Einteilung der Schweregrade ist im Interview durch Beispiele operationalisiert.

Bei *Depersonalisation* kann z. B. gefragt werden, ob man sich jemals so gefühlt habe, als ob man sich von einem Punkt außerhalb seines Körpers beobachte (oder sich aus der Entfernung sehe oder ob man einen Film über sich selbst sehe). *Derealisation* fragt nach dem Gefühl, ob vertraute Umgebungen oder Menschen ungewohnt oder unwirklich erscheinen. Bei *Identitätsunsicherheit* wird z. B. nach dem Gefühl gefragt, ob im Inneren ein Kampf stattfinde, auch darum, wer man eigentlich sei. Diese Erfahrungen lässt man sich genauer schildern und fragt, wie oft dies vorkomme. Eine wichtige Frage zum *Identitätswechsel* ist zum Beispiel, ob man sich jemals so gefühlt oder so verhalten habe, als sei man ein Kind/eine völlig andere Person, oder ob einem erzählt worden sei, dass man sich wie ein Kind/wie eine völlig andere Person verhalten habe. Dieses andere (kindliche) Verhalten lässt sich der Interviewer genauer schildern oder beschreiben. Er fragt nach, was der Patientin von Anderen über ihr Verhalten erzählt worden sei, als sie eine andere Person zu sein schien (»Was wurde Ihnen gesagt? Wie oft haben Sie das erlebt?«).

Gegebenenfalls ist es für die Interviewer und Interviewerinnen auch möglich, nicht vorgegebene Fragen in das Interview zu integrieren, so dass sie optimal auf die spezielle Symptomatik und die Besonderheiten des jeweiligen Einzelfalles eingehen können.

In die Auswertung des Interviews gehen neben den verbalen Antworten der Befragten auch nonverbale Äußerungen und während des Interviews beobachtbare Anzeichen von Dissoziation ein. Solche wären zum Beispiel Amnesien für vorherige Interviewfragen, Trancezustände oder auffällige Wechsel in Verhalten und Erleben der Patienten und Patientinnen. Nach Abschluss des Interviews wird auf der Basis aller verfügbaren Informationen für jedes der fünf Hauptsymptome eine Einschätzung des Schweregrades (von 1 bis 5) der Symptomatik vorgenommen. Der Gesamtinterview-Score ergibt sich aus der Summe der fünf Symptomscores. Anschließend erfolgt eine diagnostische Einschätzung, ob eine bzw. welche dissoziative Störung vorliegt.

Für die gesamte Durchführung des Interviews einschließlich der Auswertung werden je nach Komplexität der dissoziativen Symptomatik ca. eine halbe bis 2½ Stunden benötigt. Die Anwendung des Interviews setzt eine längere Einarbeitungszeit bzw. ein spezielles Training und ausreichende klinische Erfahrungen voraus.[261, 262] Die Anwendung des SKID-D ist für diejenigen KollegInnen sinnvoll, die mit hoch dissoziativen Patienten arbeiten. Auch wenn man vielleicht nicht das vollständige Interview durchführen möchte, sind die dort aufgeführten Fragen hilfreich, um die spezifischen Symptome präziser zu erfassen. SKID-D-Fragen können auch in eine offene klinische Befunderhebung integriert werden.

---

261 Steinberg (1994b)
262 Steinberg (1995)

3.7.1 Durchführung des SKID-D

Patienten sollten mit einigen einleitenden Worten auf das Interview vorbereitet werden. So kann man ihnen erklären, dass es sich um eine Untersuchung handelt, um die von ihnen angegebene Symptomatik näher und gründlicher zu untersuchen Im Überweisungskontext ist es sinnvoll, sich hierfür einen Extratermin zum Kennenlernen der Patientin und zur Vorbereitung Zeit zu nehmen. Beim eigentlichen Interview ist es wichtig, dem Patienten eine Atmosphäre von Akzeptanz zu vermitteln und das Interview als einen positiven und hilfreichen Aspekt in der Therapie einzuführen. Die Erfahrung zeigt, dass die meisten Patienten überrascht und erleichtert darüber sind, wenn ihrer als quälend erlebten Symptomatik so viel unerwartete Aufmerksamkeit geschenkt wird. Dadurch hat die Untersuchung für viele Patientinnen und Patienten einen entlastenden und ermutigenden Charakter. Obwohl Traumatisierungen nicht direkt erfragt werden, berichten Patienten häufig spontan davon, wenn sie nach spezifischen Symptomen befragt werden.

Nach Abschluss des Interviews sollte man den Patienten und Patientinnen die Möglichkeit für eine Rückmeldung geben. Häufig äußern Patienten spontane Erleichterung darüber, dass sie so präzise über ihre Symptomatik befragt werden und fühlen sich dadurch ernst genommen. Viele sind erleichtert darüber, dass das Offenbaren ihrer Symptome nicht ihre Befürchtung bestätigt, »verrückt« zu sein oder für verrückt gehalten zu werden. Ein kurzes Ergebnis der Untersuchung sollte bereits am Ende des Interviews gegeben werden und dann ausführlicher in einem weiteren Nachgespräch erörtert werden. Hier sollte der Patientin die Gelegenheit gegeben werden, darüber sprechen zu können, welche Gedanken, Überlegungen und Gefühle das Interview in ihr ausgelöst hat. Der Therapeut wiederum gibt Rückmeldung über die erhobenen Befunde und die daraus resultierenden Behandlungsempfehlungen und weiteren therapeutischen Schritte. Grundsätzlich ist es hilfreich, der Patientin oder dem Patienten dissoziative Symptome als suboptimalen Lösungsversuch zu erklären: als sinnvolle und kreative Anpassungsreaktion auf (zurückliegende) belastende Lebensereignisse, die gleichzeitig aber auch Anpassung verhindert. Dissoziative Symptome sind als ernstzunehmende Beeinträchtigung zu würdigen, die man inzwischen durch Therapie positiv beeinflussen kann. Zudem ist es wichtig, die weiteren therapeutischen Schritte zu besprechen. Wenn die Therapie nicht vom Interviewer selbst durchgeführt werden kann, sollte eine realistische Einschätzung hinsichtlich der Therapievermittlung gegeben werden, zumal es bislang häufig schwierig ist, Patienten, insbesondere mit schweren dissoziativen Störungen, in eine längerfristige ambulante Therapie zu vermitteln.

Wie bei allen posttraumatischen Störungsbildern sollte jede Befunderhebung und insbesondere die Exploration traumatischer Erfahrungen behutsam erfolgen, um unkontrolliertes Wiedererleben traumatischer Erinnerungen zu vermeiden. Dies gilt auch für Patienten mit dissoziativen Störungen. Darüber hinaus sollte man sich bewusst sein, dass auch das Erfragen der Dissoziativen Symptome »triggern« kann, also traumatische Erinnerungen hervorrufen kann. Auch beim Einsatz strukturierter Fragebögen ist dies zu beachten. Obwohl der oben beschrieben SKID-D keinerlei Fragen zu traumatischen Erfahrungen enthält, berichten Patienten oft spontan über traumatische Erfahrungen im Zusammenhang mit der Evaluation der Symptome. Hier kann es eine Gratwanderung werden, einerseits wichtige Informationen zum Ausmaß und Ausgestaltung der dissoziativen Symptome zu erhalten und andererseits Retraumatisierungen zu vermeiden. Therapeuten sollte sich bewusst sein, dass Fragen nach Dissoziation gegebenenfalls auch dissoziative Zustände wie Trance und Stupor hervorrufen können, und sie sollten über Interventionstechniken verfügen, um dissoziative Zustände zu durchbrechen. Dies zeigt das folgende Interviewbeispiel, bei dem es am Ende der Untersuchung zu einem Zwischenfall kommt, bei der die Patientin aktive therapeutische Unterstützung benötigt, um sich wieder situationsgerecht orientieren zu können.

3.7.2 SKID-D-Diagnosestellung anhand des Fallbeispiels von Frau L.

Die 41-jährige, verheiratete Wissenschaftlerin Frau L. kommt erstmalig für eine psychiatrisch-psychotherapeutische Behandlung in die Klinik. Bisher habe sie gemeinsam mit ihrem Mann (46) und ihren zwei Kindern (4 und 7) ein weitestgehend »normales Leben« geführt. In den letzten Monaten habe sie jedoch eine deutliche Verschlechterung ihres Befindens und ihres »Erlebens der Realität« festgestellt. Zudem vergesse sie immer häufiger, was die letzten Stunden geschehen sei, habe ständig Albträume und sei durch ihren Mann und Kollegen wiederholt darauf aufmerksam gemacht worden, dass sie sich »sehr merkwürdig und völlig verändert« verhalten habe. Sie selbst habe jedoch keinerlei Erinnerungen an etwaige Ereignisse. Die Symptome und Erlebnisse der letzten Zeit würden ihr »extreme Angst« bereiten. Begonnen haben diese, nachdem eines ihrer Kinder jenes Alter erreicht hatte, in dem sie selbst »schlimme Kindheitserfahrungen« gemacht habe, an die sie jedoch nur ganz vage Erinnerungen habe.

Zur weiteren Abklärung der dissoziativen Symptomatik bieten wir Frau L. an, das SKID-D, durchzuführen. Da sie sich eine Erklärung für die neuerdings auftretenden und sehr belastenden dissoziativen Symptome und Amnesien wünsche, würden wir gern herausfinden, welche Symptome in welchem Ausmaß vorliegen, und das Interview sei hierfür besonders geeignet.

Im SKID-D zeigten sich folgende signifikante Ergebnisse:

Amnesien: *Frau L. berichtet von einer massiven Zunahme amnestischer Phasen während der vergangenen sechs Monate. Es passiere ihr immer wieder, dass sie »plötzlich Zeit verliere«. Seither erlebe sie nahezu ständig, dass sich ihr Tag lediglich »aus Bruchstücken zusammensetzt«. Mehrmals am Tag verliere sie plötzlich Zeit, mehrere Minuten bis hin zu einigen Stunden fehlten ihr. Die Erinnerung an tägliche Aktivitäten falle ihr zunehmend immer schwerer. Wenn sie durch ihren Mann darauf aufmerksam gemacht werde, dass sie etwas im Haushalt (z. B. die Treppe wischen, kochen) bereits verrichtet habe, erinnere sie sich nicht mehr daran. Vor einigen Tagen habe sie zur Schule ihrer Kinder fahren wollen, um diese abzuholen. Dort angekommen wurde ihr von der sichtlich verwunderten Lehrerin mitgeteilt, Frau L. habe die Kinder doch bereits vor einer Stunde abgeholt.*

Vor allem wenn es ihr nicht gut ginge oder sie Stress oder konfliktreiche Situationen durchlebe, würden diese »Zeitverluste« immer häufiger auftreten. Hinzu kommt, dass Frau L. berichtet, an längere Episoden ihrer Kindheit (mehrere Jahre) keinerlei Erinnerung mehr zu haben. Sie habe lediglich »ein sehr schlimmes Gefühl im Körper«, wenn sie versuche, an diese Zeit zu denken.

*Frau L. gibt an, **Depersonalisationserlebnisse** seien in den letzten Monaten beinahe täglich aufgetreten. Das dominierende Empfinden* *sei ein »Hinter-sich-Stehen«. So sehe sie sich beinahe ununterbrochen »beim Handeln zu« und erlebe sich bei der Verrichtung alltäglicher Aktivitäten. Dieses Erleben halte meist 15 bis 30 Minuten an und werde dann etwas besser. Vor allem bei Intimkontakten mit ihrem Ehemann seien diese Symptome besonders schwerwiegend. So berichtet sie, beim letzten Intimkontakt eine Zeit lang über dem Bett geschwebt zu haben bis hin zum »völligen Blackout«.*

*Auf die Frage nach **Derealisation** berichtet Frau L. Folgendes: Sie leide täglich unter schweren Derealisationen. So habe sie nahezu andauernd den Eindruck, die Welt um sie herum sei »nicht real« und ihr Leben würde eigentlich »woanders, in einer anderen Welt stattfinden«. Ihr bekannte Orte würden sich seit einiger Zeit »völlig fremd« anfühlen und sie habe das Gefühl, aus einem Traum nicht mehr aufzuwachen. Zwischendurch erlebe sie dann wieder »klare Momente« in denen es ihr besser ginge und sie sich vergewissere, dass sie »tatsächlich in ihrem Leben stecke«. Die stetige Neu- und Umorientierung mache ihr sehr zu schaffen, und sie habe das Gefühl, »das alles nicht mehr länger auszuhalten«. Vor allem dann, wenn sie längere Zeit nicht in ihrem vertrauten Zuhause wäre, sich an einem gewohnten Ort aufhielte, würden diese Symptome zunehmen.*

***Identitätsunsicherheit** wird von Frau L. als andauernde und »furchtbare« Verwirrung über »das eigene Ich« empfunden. So erlebe sie nahezu kontinuierlich einen »inneren Kampf«, der in ihrem Kopf stattfände. Sie höre Stimmen, die ihr drohen würden, sie »… solle nichts in der Therapie erzählen, sonst widerfahre ihr Grausames«. Sie selbst wolle jedoch unbedingt über die Erlebnisse sprechen. Durch diese inneren Konflikte sei sie zudem ständig sehr verunsichert »wer sie eigentlich sei«. Bereits in der Kindheit habe sie sich teilweise nicht als Mädchen gefühlt, obwohl sie sich ihres weiblichen Geschlechts bewusst war. »Es fühlte sich einfach nicht an wie ich, nichts in und nichts an mir«.*

*Die Exploration von **Identitätswechseln** ergibt mannigfaltige Anzeichen. Auf die Frage, ob sie manchmal eine völlig andere Person/ein Kind zu sein scheint oder entsprechende Rückmeldung von anderen erhalten habe, beschreibt sie: Ihr Ehemann habe sie in den letzten Monaten vermehrt darauf angesprochen, dass sie sich wie ein Kind verhalten* *habe. So habe sie z. B. beim Essen wie ein Kind auf dem Teller herumgematscht. Des Weiteren habe sie wiederholt Verhaltensweisen, Sprachstile sowie Tätigkeiten gezeigt, die denen einer männlichen Person gleichen würden. In diesen Phasen sei sie vor allem durch aggressives Auftreten und verbale Aggression gegenüber ihrem Mann aufgefallen. Die Schilderung dieser Ereignisse bereitet Frau L. sichtlich große Schwierigkeiten. Bei der Frage, ob bestimmte Fähigkeiten oder Kenntnisse Schwankungen unterliegen, gibt sie an, plötzlich nicht mehr gewusst zu haben, wie man den Computer an ihrer Arbeitsstelle bedient oder das Auto startet. Diese »Aussetzer« seien bereits mehrmals vorgekommen und hielten mehrere Stunden an.*

Auf die Frage hin, ob sie sich jemals so gefühlt habe, als ob sie aus mehreren Personen bestünde, kommt es zu einem Zwischenfall: Frau L. beginnt auf ihrem Stuhl hin- und herzurutschen und verfällt plötzlich in einen tranceartigen Zustand. Die Augen verdrehen sich und Frau L. sackt in ihrem Stuhl zusammen. In den folgenden 2 Minuten sitzt Frau L. zitternd in ihrem Stuhl und reagiert auf keinerlei Reize, weder verbal noch olfaktorisch. Der Therapeut bietet ihr eine Aromaflasche an, doch die Patientin reagiert nicht. Nach ca. 2 Minuten richtet sie sich erneut auf und sieht den Interviewer, nun mit völlig veränderter feindseliger Körperhaltung und Mimik, verstört an. Als der Therapeut sie mit »Hallo Frau L., hören Sie mich wieder?« anspricht, antwortet sie mit veränderter tiefer Stimme mit einem »Nein! Wer ist diese Frau L.?«. Sie wirkt defensiv, misstrauisch und hoch aggressiv. Sie beschimpft den Interviewer, stammelt einige unverständliche Worte und fällt dann wieder in Trance.
Kurze Zeit später macht sie eine abschüttelnde Körperbewegung und ist wieder als Frau L. ansprechbar. Sie lässt sich mittels Wahrnehmungsübungen zeitlich und räumlich reorientieren. Auf die Frage hin, was denn gerade vorhin geschehen sei und ob sie sich an die letzten fünf Minuten erinnern könne, gibt Frau L. unter Tränen an, vollkommen amnestisch zu sein und sich für den Kontrollverlust sehr zu schämen. Zum Abschluss des Interviews berichtet sie, die unterschiedlichen Anteile seien zwar sehr eigenständig, dennoch auch Teile ihrer eigenen Persönlichkeit. Sie leidet jedoch stark unter diesem Zustand der »unterschiedlichen Anteile« und würde sich lieber wieder wie früher fühlen wollen.

3.7.3 Schweregradbeurteilung

Die umfassenden und detaillierten Antworten von Frau L. auf die Fragen des SKID-D erlauben eine valide und reliable Beurteilung des Schweregrades der vier Dimensionen sowie eine Diagnosestellung nach den Kriterien des DSM-IV. Zur Beurteilung der Dimensionen Amnesie, Depersonalisation, Derealisation, Identitätsunsicherheit und Identitätsänderung liegen im Manual Kriterien vor, anhand derer eine Einteilung in *leicht*, *mäßig* und *schwer* vorgenommen werden kann. Je nach Anzahl und Schwere der jeweiligen Symptome, kann somit durch den Kliniker eine operationalisierte und klinische Einschätzung vorgenommen werden. Im Fall von Frau L. ergab sich das folgende Schweregradprofil:

- **Amnesie:** Aufgrund der schweren und beinah täglich auftretenden Amnesien sowie einer langjährigen Episode, die frühe Kindheit betreffend, können die amnestischen Symptome von Frau L als schwer bezeichnet werden.
- **Depersonalisation:** Die berichteten, eher kurzen Depersonalisationsepisoden von Frau L. ließen sich nach näherer Exploration in den meisten Fällen als durch akuten Stress induzierte Reaktionen beschreiben. Zusammen mit einer Dauer von wenigen Minuten können die Depersonalisationserlebnisse von Frau L somit als mäßig beschrieben werden. Das wiederholte Erleben von Derealisation während sexueller Aktivitäten, teilweise mit anschließendem Blackout dagegen muss als schwer eingeschätzt werden.
- **Derealisation:** Die täglichen, schweren Derealisationserlebnisse von Frau L erfüllen die Kriterien für eine schwere Derealisation, da diese somit täglich eine massive Einschränkung in nahezu allen Lebensbereichen bewirken.
- **Identitätsunsicherheit:** Die massiven und anhaltenden inneren Kämpfe sowie die damit einhergehende Verschlechterung der sozialen Beziehungs- und Arbeitsfähigkeit von Frau L. weisen eindeutig auf eine *schwere* Ausprägung der Symptomatik hin. Zudem werden die Symptome nicht ausschließlich durch Stress hervorgerufen und gehen wiederholt mit dem vollständigen Verlust des eigenen Identitätserlebens einher.
- **Identitätswechsel:** Hinweise für Identitätswechsel ergeben sich aus der Rückmeldung, die Frau L. von ihrem Ehemann erhält: Es wird

Verhalten »wie ein Kind« oder »wie ein Mann« beschrieben. Auch beobachtet die Patientin an sich den vorübergehenden Verlust sonst alltäglicher Fertigkeiten (Autofahren, Computer bedienen). Zudem zeigt die Patientin während des Interviews eine deutliche, ausgestanzte, Minuten anhaltende Befundänderung nach kurzer Trance: Mimik, Gestik, Stimmintonation sowie die emotionale Gestimmtheit und Art der Kontaktaufnahme ändern sich. Anstatt kooperativ und freundlich gestimmt zu sein, ist die Patientin plötzlich feindselig, misstrauisch und spricht von sich in der dritten Person. Sie ist weder zur Situation noch zur eigenen Person orientiert. Nach dem Wechsel in den ursprünglichen Zustand ist sie amnestisch für das Geschehen. Damit sind die Kriterien für einen Persönlichkeitswechsel erfüllt und der Identitätswechsel ist als *schwer* einzustufen.

In allen fünf Bereichen ist somit der Schweregrad der Symptomatik als »schwer« einzuschätzen und die Diagnose einer Dissoziativen Identitätsstörung kann sichergestellt werden. Es ist allerdings zu betonen, dass es bei der Diagnosestellung mit dem SKID-D nicht erforderlich ist, einen Persönlichkeitswechsel unmittelbar beobachtet zu haben. Im DSM-5 wird dies auch nicht mehr erforderlich sein, zumal ein solcher Wechsel eher selten ist, insbesondere im Erstkontakt. Um die Kriterien eines Identitätswechsels als schwer einzustufen, würde auch die Beschreibung der Patientin, abgetrennte Persönlichkeitsanteile in sich zu haben, bereits genügen. Manche Patienten beschreiben ein elaboriertes inneres Persönlichkeitssystem mit der entsprechenden Arbeits-und Rollenaufteilung im Alltag. Oft können Patienten darüber aber, vor allem zu Beginn der Behandlung, noch gar keine Auskunft geben, da sie selbst noch wenig Kontakt zu den abgespaltenen Persönlichkeitsanteilen haben. Unter Umständen imponiert die Erkrankung im Interview als Andere Näher Bezeichnete Dissoziative Störung, Beispiel 1 mit dem Verdacht auf eine DIS, so dass die Wiederholung der Diagnostik zu einem späteren Zeitpunkt (ca. in einem halben Jahr) sinnvoll sein kann.

4 Behandlungsansätze

Wir haben in den vorhergehenden Kapiteln beschrieben, dass es bei Dissoziation der Persönlichkeit durch Trauma 1. zu einer Aufspaltung der Gesamtpersönlichkeit in trauma-besetzte und trauma-phobische Anteile kommt, dass 2. diese Aufspaltung unterschiedlich schwer sein kann und einem bestimmten biologisch vorgegebenen Muster folgt und dass 3. die Schwere der Dissoziation sich an charakteristischen Symptomen zeigt. Wir haben ferner beschrieben, dass diese Muster oft diskret und von anderen, komorbiden Symptomen und Störungen überlagert sind und dennoch mit entsprechenden Fragen gut identifiziert werden können. In diesem Kapitel soll es nun darum gehen, wie durch therapeutische Interventionen die dissoziativen Symptome und Störungen positiv beeinflusst werden können. Die Herangehensweise zur Behandlung dissoziativer Störungen ist dabei abhängig von der Art und Schwere der Dissoziation, vom Vorhandensein möglicher komorbider Störungen sowie vom vorherrschenden Funktionsniveau der Patienten. Störungsspezifische Interventionen, die gezielt dissoziative Symptome ansprechen, müssen grundsätzlich in einen Gesamtbehandlungsplan eingebettet sein, der sich an den auch sonst üblichen therapeutischen Standards orientiert. Hinsichtlich der Art der dissoziativen Störung haben wir bereits die Einteilung in ICD und DSM vorgestellt, außerdem die Neukonzeptualisierung von P. Dell (▶ Kap. 1.4) sowie eine Einteilung anhand des Modells der strukturellen Dissoziation (▶ Kap. 1.5) orientiert. Während man bei der primären strukturellen (bzw. bei den einfachen dissoziativen Störungen nach Dell) Dissoziationen vor allem an den auslösenden Situationen arbeitet, um die Dissoziation zu überwinden, sind bei den komplexen dissoziativen Störungen mit sekundärer und tertiärer struktureller Dissoziation umfänglichere störungsspezifische Interventionen im Kontext eines phasenorientierten Vorgehens zu beachten.

Grundsätzlich wird ein Ansatz empfohlen, der die spezifische Symptomatik sowie interpersonelle und intrapsychische Prozesse berücksichtigt. Sowohl psychodynamische als auch kognitiv-behaviorale Ansätze zielen darauf ab, abgespaltene Erinnerungen und Persönlichkeitsbereiche oder umfassendere Persönlichkeitsanteile wahrzunehmen, die damit verbundenen Affekte und Ängste auszuhalten und die Integration zu einem einheitlichen Selbstempfinden zu ermöglichen, so die Expertenempfehlung der International Society for the Study of Dissociation.[263] Aus psychodynamischer Perspektive bedeutet dies die Entwicklung eines integrierten psychischen Funktionierens durch Überwindung von Konflikten, aber auch von Entwicklungsdefiziten, die aus den wiederholten Traumatisierungen entstanden sind. Die Lösung dieser Konflikte und Nachreifung der Defizite reduziert die Notwendigkeit, die dissoziative Abwehr aufrechtzuerhalten oder auszuagieren. Damit diese störungsspezifische Herangehensweise positive Therapieeffekte zeigen kann, muss sie selbstverständlich von allgemeinen Wirkfaktoren unterstützt werden.[264] In erster Linie ist hierbei eine gute therapeutische Beziehung zu nennen, die von Seiten des Therapeuten von einer akzeptierenden, offenen, aktiv zuhörenden und mitfühlenden Arbeitshaltung gekennzeichnet ist. Diese Haltung wird in modelhafter und beeindruckender Weise in den Fallbeschreibungen von Richard A. Chefetz vermittelt.[265]

4.1 Einfache dissoziative Störungen

Störungsspezifische Therapie der Wahl bei dissoziativen Reaktionen und einfachen dissoziativen Störungen ist die Arbeit an den Auslösern. Dieser Technik liegt die Erfahrung zu Grunde, dass Patientinnen mit dissoziativen Störungen bei Belastungen in Ermangelung anderer Bewältigungsmechanismen mehr oder weniger regelmäßig mit Dissoziation reagieren.

---

263 ISSTD-Guidelines (2011); deutsche Bearbeitung: Gast & Wirtz (2016)
264 Wampold (2010)
265 Chefetz (2015)

Dieser durch physiologische Vorgänge gebahnte Prozess erfährt häufig im Laufe der weiteren Entwicklung eine psychologische Überformung und kann sich zu einem gewohnheitsmäßigen Mechanismus in Stresssituationen »einschleifen«. Aus dem ehemaligen Schutzmechanismus wird somit ein Vermeidungsmechanismus, der hinderlich ist, um eine Situation angemessen zu bewältigen. Auch verhindert eine habituelle Dissoziation z. B. in Form von Depersonalisation und Derealisation häufig die Integration neuer emotionaler Erfahrungen während einer Therapiestunde und schmälert somit therapeutische Fortschritte.[266] Bei dissoziativen Amnesien kann die gesamte Therapiestunde schlichtweg vergessen und somit nicht integriert werden.

Dissoziative Reaktionen müssen daher aktiv angegangen werden und durch neue Lösungsstrategien ersetzt werden. Im Schutzraum der Therapie wird die Patientin behutsam damit konfrontiert, den Bewältigungsmechanismus der Dissoziation nach und nach aufzugeben und durch andere Strategien zu ersetzen. Dabei ist es hilfreich zu vermitteln, dass die dissoziative Bewältigung in der traumatischen Situation als Notfallmaßnahme sinnvoll war, sich dann aber zunehmend verselbständigte und für die aktuelle Lebenssituation dysfunktional geworden ist.

4.1.1 Auslöser erkennen

Wenn dissoziative Symptome bei Patientinnen wahrgenommen werden, ist es wichtig, diese genau zu beobachten: Wann, in welcher Situation, bei welchem Thema, bei welcher therapeutischen Intervention ist die dissoziative Reaktion aufgetreten? Was hat die Therapeutin an der Patientin beobachtet? Was hat die Patientin an sich wahrgenommen? Neben der unmittelbaren Beobachtung an der Patientin können dissoziative Reaktionen aber auch in der Gegenübertragung spürbar werden: Gefühle von Langeweile und abgelenkt sein oder sich nicht mehr im Kontakt mit der Patientin fühlen geben Hinweise auf Depersonalisations- und Derealisationsprozesse.

Dissoziative Reaktionen dienen häufig der Vermeidung schmerzhafter Affekte. Da die Patienten in der Regel keine primären Bezugspersonen

---

266 Ebner-Priemer et al. (2009)

hatten, die ihnen bei der Regulierung und Modulation ihrer Affekte zur Verfügung standen, haben sie den Umgang mit Affekten nicht gelernt. In traumatischen Situationen wurden Affekte als überwältigend und quälend erlebt, so dass Gefühle jeglicher Art häufig aus dem normalen Leben ausgeklammert und abgekapselt wurden. Damit stehen ihnen Gefühle zur Regulation ihrer Bedürfnisse häufig gar nicht mehr zur Verfügung. So können Gefühle häufig nur als »entweder-oder«, »aus-oder-an« wahrgenommen werden, d. h. entweder als gar nicht vorhanden oder als überwältigend und quälend. Patienten haben oft gelernt, jegliche Gefühle aus der Alltagsbeziehung herauszuhalten.

In der therapeutischen Situation wird an diesem Defizit gearbeitet, in dem die Therapeutin ihre eigenen, in der Interaktion mit der Patientin entstandenen Gefühle reflektiert, benennt und somit der Patientin zur Verfügung stellt. Hierbei ist es wichtig, auf »Umschlagpunkte« zu achten, in denen Gefühle »weg-dissoziiert« werden. Die Patientin sollte zur Selbstbeobachtung ermutigt werden und lernen, diese gefühlsmäßigen Veränderungen an sich zunehmend besser und sicherer festzustellen. Die Arbeit an den Auslösern, das Benennen von Affekten sowie die Stärkung der Affekttoleranz sind also wichtige Techniken zur Bearbeitung dissoziativer Symptome wie Depersonalisation, Derealisation und Trance und Amnesien.[267]

4.1.2 Übungen zur Selbstbeobachtung

Haddock[268] nennt verschiedene Übungen zur Selbstbeobachtung, die den betroffenen Patientinnen bei der Erarbeitung neuer Coping-Mechanismen helfen können.[269] Ziel dieser Übungen ist es, in der Situation »dazubleiben«. Der erste Schritt hierfür ist die bewusste Selbstwahrnehmung und Selbstbeobachtung, ohne eine Beurteilung vorzunehmen. Wenn die Patientin eine dissoziative Reaktion an sich beobachtet, sollte sie einen Moment verharren und folgende Fragen beantworten:

1. Was ist gerade passiert, bevor die Dissoziation begann? In welcher Situation war ich gerade?

---

267 Gast (2004b)
268 Haddock (2001)
269 ebenda

2. Was habe ich gerade gefühlt, körperlich und emotional?
3. Was ist das Letzte, an das ich mich erinnern kann? (wichtige Frage bei dissoziativen Amnesien)
4. Woran habe ich die Dissoziation bemerkt?
   a. Ich fing an, hin- und herzuschaukeln – mich wie im Nebel zu fühlen – innerlich ganz weit weg zu gehen …
   b. Ich hörte auf, zu reden – klar zu denken – Blickkontakt herzustellen …
   c. Ich fing an, mir Gedanken zu machen bzw. nachzugrübeln, dass ich sterben könnte – man den Menschen nicht trauen kann – dass ich nie etwas richtig mache ….
5. Was habe ich versucht zu vermeiden (z. B. Auseinandersetzung im Gespräch, sich zur Wehr setzen, sich abgrenzen oder: Nähe zuzulassen).
6. Was hätte ich stattdessen tun können?

Zu Beginn der Therapie werden die Patientinnen viel therapeutische Unterstützung brauchen, um diese Fragen beantworten zu können. Ein wichtiges Zwischenziel ist erreicht, wenn im weiteren Verlauf die Patientin die Fragen zunehmend selbst beantworten kann und somit Kontrolle über die Dissoziation erlangt.

4.1.3 Fallbeispiel

Fallbeispiel: Mit Frau K. wurden entsprechende Abmachungen getroffen, um Depersonalisations- und Trancesymptome sowie Amnesien zu behandeln. Insbesondere wird die Vereinbarung getroffen, nicht »öffentlich« und offenkundig zu dissoziieren, weil andere dadurch geängstigt und erschreckt sein könnten. In einem strukturierten, ressourcenorientierten Gruppenprogramm hat Frau K. die Aufgabe, in Kontrolle zu bleiben, auf beginnende Anzeichen einer Dissoziation zu achten und sich zunächst nur darauf zu konzentrieren. Die Schutzfunktion der Dissoziation wird in der Gruppe benannt und das Ziel formuliert, daran zu arbeiten, etwas »noch Besseres« zu finden. Von anderen Gruppenmitgliedern erhält sie Ermutigung, wenn es ihr gelungen ist, bei belastenden Themen rechtzeitig »Stopp« zu sagen oder die Gruppe kurzzeitig zu verlassen, was in diesem Setting regelkonform ist. Sie bekommt hilfreiche Rückmeldung von anderen Gruppenmitgliedern, die oft vor ihr die Dissoziation am abwesenden Blick bemerken und sie taktvoll ansprechen. Die Gruppe freut sich mit ihr, wenn es ihr schließlich möglich war, eine ganze Gruppenstunde präsent zu bleiben. Der sachliche und wohlwollende, aber auch Grenzen setzende Umgang der Therapeutin mit dem Symptom dient hierbei als hilfreiches Modell in der Gruppe. Eine Grenze für die Gruppenarbeit wäre erreicht, wenn die Patientin z. B. in einen länger anhaltenden Trancezustand abgleitet. Sollte dies passieren, müsste die Gruppe vorübergehend für einige Minuten unterbrochen werden, um die Patientin zu reorientieren, und gegebenenfalls müsste die Indikation für die Gruppenteilnahme überprüft werden.

4.2 Komplexe dissoziative Störungen: DIS und ihre Subform

Ist von dem dissoziativen Funktionieren nicht nur das Gedächtnis und die Wahrnehmung, sondern auch das Selbsterleben betroffen, reicht die Arbeit an den Auslösern allein nicht aus, um die Dissoziation wirkungsvoll zu behandeln. Nach dem Modell der strukturellen Dissoziation haben wir es dann mit sekundärer und tertiärer Dissoziation zu tun, also mit einer Aufspaltung emotionaler Subsysteme, die sich im Laufe der Persönlichkeitsentwicklung »verselbständigt« haben. Wie bei den einfachen dissoziativen Störungen (primäre Dissoziation) geht es auch hier um die Integration gefürchteter mentaler Inhalte. Da die Aufspaltung jedoch weitaus komplexer ist, muss die Behandlung sehr viel stärker an die momentanen integrativen Fähigkeiten der Patienten angepasst sein. Die Behandlung betrifft hauptsächlich die Auflösung der strukturellen Dissoziation der Persönlichkeit, indem der Therapeut sich als eine Art Mediator zur Verfügung stellt und die Patientin dabei ermutigt, die dissoziierten mentalen Systeme und deren Inhalte miteinander in Kontakt zu bringen. In vorsichtig geplanten Schritten wird die Integration unterstützt und Re-Dissoziation verhindert.[270] Therapeutisch geht es

270 Nijenhuis et al. (2003)

zunächst um die Überwindung der tertiären Dissoziation (voneinander dissoziierte ANPs) und der sekundären Dissoziation (voneinander dissoziierte EPs), bevor die Bearbeitung der primären Dissoziation möglich ist. Eine Exposition mit traumatischen Erfahrungen und Erinnerungen ist erst dann sinnvoll, wenn ein möglichst hoher mentaler Funktionsgrad erreicht worden ist.

4.2.1 Phasenorientiertes Vorgehen

Allein die Fülle an Symptomen, Beeinträchtigungen und Problemen stellt ähnlich wie bei Borderline-Patienten oder anderen komplexen Posttraumatischen Störungen eine ziemliche Herausforderung für Therapeuten dar. Umso wichtiger ist die Orientierung an den – auch sonst gültigen Standards – zur Behandlung komplexer Posttraumatischer Störungen, von der nicht grundsätzlich abgewichen werden soll. Zusätzlich werden jedoch störungsspezifische Interventionen benötigt, um die dissoziierten Persönlichkeitsanteile zu erfassen. Bevor hierauf genauer eingegangen wird, soll zunächst ein Überblick über die aktuellen Expertenempfehlungen gegeben werden.[271]

4.2.2 ISSTD-Experten-Empfehlung im Überblick

Die Herangehensweise zur Behandlung der Dissoziativen Identitätsstörungen und ihrer Subform, ist abhängig von der Art und Schwere der Dissoziation, vom Vorhandensein möglicher komorbider Störungen sowie vom vorherrschenden Funktionsniveau der Patienten. Störungsspezifische Interventionen werden in einen Gesamtbehandlungsplan eingebettet sein, der sich an den therapeutischen Standards für Komplexe Posttraumatische Störungsbilder orientiert. Diese lassen sich am besten in sequentiellen Phasen behandeln, die Folgendes beinhalten: Phase 1: Sicherheit, Stabilisierung und Reduktion der Symptome, Förderung von Mentalisierung; Phase 2: Konfrontation, Durcharbeiten und Integration von traumati-

---

271 ISSTD Guidelines (2011); Gast & Wirtz (2016)

schen Erinnerungen; Phase 3: Integration der Identität und Rehabilita-
tion.[272, 273, 274, 275, 276, 277, 278, 279] Eingebettet in dieses basale Phasenmodell, werden zusätzlich Interventionen integriert, die darauf abzielen,
dissoziierte Persönlichkeitsanteile wahrzunehmen, die damit verbundenen
Affekte und Ängste auszuhalten und die Integration zu einem einheitlichen
Selbstempfinden zu ermöglichen.[280, 281, 282, 283] Die Evidenz dieser Herangehensweise ist durch erste Therapiestudien und eine Metaanalyse ge-
stützt.[284, 285] Aus psychodynamischer Perspektive bedeutet dies die Entwicklung eines integrierten psychischen Funktionierens durch Überwindung
von Konflikten, aber auch von Entwicklungsdefiziten, die aus den wiederholten Traumatisierungen entstanden sind. Die Lösung dieser Konflikte und
Nachreifung der Defizite reduziert die Notwendigkeit, die dissoziative
Abwehr aufrechtzuerhalten oder auszuagieren.[286] Für die Umsetzung dieser
Schritte sind in der Regel häufig mehrjährige Behandlungen erforderlich.

4.3 Ziele der ersten Phase: Kontrolle und Stabilität

Die erste Behandlungsphase ist davon geprägt, eine tragfähige therapeutische Beziehung herzustellen und dem Patienten die Diagnose, die

---

272 Brown, Scheflin & Hammond (1998)
273 Courtois, Ford & Cloitre (2009)
274 Herman (1992)
275 Huber (2010)
276 Sack & Sachsse (2013)
277 Van der Hart et al. (2006/2008)
278 Van der Hart, Van der Kolk & Boon (1998)
279 Wöller et al. (2012)
280 ISSTD Guidelines (2011); Gast & Wirtz 2016
281 Van der Hart et al. (2006/2008)
282 Kluft (1993b)
283 Steele et al. (2009)
284 Brand et al. (2009a)
285 Brand et al. (2009b)
286 Kluft (1992b)

Symptomatik und den Behandlungsverlauf zu erläutern. Ziele der ersten Phase sind hierbei die persönliche Sicherheit, Kontrolle der eigenen Symptome, Affektmodulation, Aufbau von Stresstoleranz, Verbesserung des grundlegenden Funktionierens und Aufbau und Verbesserung der Fähigkeit, Beziehungen zu anderen einzugehen. Wichtige Stichworte sind hierbei das Erlernen von mehr *Selbstkontrolle* hinsichtlich der (dissoziativen) Symptome, die Etablierung einer von allen »Persönlichkeitsanteilen« akzeptierten gemeinsamen *Selbstverantwortung* sowie die Erarbeitung einer besseren *Selbstfürsorge*. Voraussetzung zur Erarbeitung dieser Ziele ist ein verlässlicher therapeutischer Rahmen und eine sichere therapeutische Beziehung, die Hoffnung und Zuversicht vermittelt.[287]

4.3.1 Errichten von Sicherheit

Fragen und Belange der Sicherheit der Patienten müssen in der Behandlung vorrangig besprochen werden. Hierbei geht es sowohl um die »äußere« als auch um die »innere« Sicherheit der Patientin. Hierzu gehört die Aufklärung darüber, dass Sicherheit Voraussetzung für eine erfolgreiche Therapie ist. Hierbei muss auch auf aktuelle Gefährdungen, insbesondere durch Suizidalität und selbstschädigendes Verhalten geachtet werden. Auch weiterhin bestehende Täterkontakte oder missbräuchliche Beziehungen sollten angesprochen werden. So könnte man fragen: »Sind Sie in Ihrer jetzigen Lebenssituation sicher? Oder sind Sie weiterhin Grenzüberschreitungen oder Gewalt ausgesetzt?« Auch wenn Patienten zu Beginn der Therapie z. B. aufgrund gravierender Amnesien darüber nicht immer korrekt Auskunft geben, senkt diese Frage doch die Schwelle, sich über dieses Problem mitzuteilen.

> *Beispiel: Obwohl mit Frau P. bereits zu Beginn der Therapie Sicherheitsbelange besprochen wurden, kann sie sich erst nach einem halben Jahr darüber mitteilen, dass sie ein missbräuchliches Verhältnis zu ihrem Vermieter hat. Unter anderem hinderten sie Scham, Amnesien für die sexuellen Handlungen, Loyalität zum Missbraucher und anfängliche Vertrauensprobleme zur Therapeutin, darüber früher zu*

---

287 Chefetz (2015)

sprechen und – in einem weiteren Schritt –, sich eine sichere Wohn-situation zu schaffen.

In Bezug auf die innere und äußere Sicherheit müssen Absprachen hinsichtlich Suizid und Selbstverletzungsimpulsen oder riskantem Verhalten getroffen werden. Hierbei bewährt es sich, die Funktion von nicht sicherem und/oder risikoreichem oder dranghaftem Verhalten zu untersuchen und zu würdigen. Im nächsten Schritt können dann entsprechend positive und konstruktivere Verhaltensweisen besprochen und entwickelt werden, um Sicherheit weiter zu gewährleisten. Gegebenenfalls müssen die entsprechenden Persönlichkeitsanteile identifiziert werden, die gefährliches oder riskantes Verhalten zeigen oder steuern und/oder nicht sicheres Verhalten kontrollieren.

Beispiel: Nach kränkenden und beschämenden Alltagserfahrungen überkam Frau M. regelmäßig ein dranghaftes Gefühl der Unruhe sowie der Impuls, sich aufreizend anzuziehen und das Haus zu verlassen. Sie traf sich dann zu »One-night-Stands«, die dadurch geprägt waren, dass sie sexuelle Macht und Kontrolle über einen Mann hatte. Am nächsten Morgen hatte sie nur noch schemenhafte Erinnerungen und statt der zuvor erlebten Anspannung und Unruhe heftige Schamgefühle. Die weitere Exploration ergab, dass die sexuellen Aktivitäten von einem dissoziierten Persönlichkeitsanteil namens Lore initiiert wurden, der durch sexuelle Verführung wieder ein Gefühl von Kontrolle und Selbsterhöhung zu erlangen trachtete.

In anderen Situationen können auch sadomasochistische Inszenierungen und die sexuelle Unterwerfung als Selbstbestrafung spannungsreduzierend wirken. Wenn eine solche Identifizierung gelingt und das riskante Verhalten besser verstehbar wird, können Vereinbarungen zwischen Persönlichkeitsanteilen entwickelt werden, die der Patientin helfen, Sicherheit zu gewährleisten. Im Falle von Frau M. wurde mit dem Persönlichkeitsanteil »Lore« eine Vereinbarung getroffen, nicht mehr »einfach so loszuziehen«, sondern die Wut über erlittene Kränkung in die Therapie einzubringen, mit der Aussicht, diese zunehmend dafür zu nutzen lernen, sich besser zur Wehr zu setzen.

Das Erlernen von Sicherheit umfasst viele weitere Maßnahmen zum Erlernen von Strategien, um mit Symptomen umzugehen, wie Re-

Orientierungsmethoden, Krisenplanung, Selbst-Hypnose, oft auch Medikation, um Spannungszustände zu mildern und Alternativen zu gefährlichem und riskantem Verhalten zur Verfügung zu stellen. Bei Problemen mit Sucht und/oder Essstörungen kann eine zusätzliche, spezialisierte (stationäre) Behandlung erforderlich sein. Liegt häusliche Gewalt vor, braucht die Patientin entsprechende Unterstützung, um sich zu schützen, gegebenenfalls auch in Zusammenarbeit mit entsprechend ausgebildeten Beratungsstellen. Wenn der Verdacht besteht, dass die Patientin sich Kindern oder anderen gegenüber gewalttätig oder missbrauchend verhalten könnte, muss dies vorrangig geklärt werden, in gravierenden Fällen gegebenenfalls auch unter Einschaltung der Behörden, auch auf die Gefahr hin, dass dies die therapeutische Beziehung gefährdet. Wenn die eigene oder die Sicherheit anderer gefährdet ist und andere Möglichkeiten ausgeschöpft sind, sollte der Therapeut auf einer stationären Einweisung bestehen.[288, 289]

Grundsäzlich sollte man sich als Therapeut vergegenwärtigen, dass suizidales und/oder selbstverletzendes Verhalten bei DIS-Patienten sehr häufig ist. Oft gibt es einen oder mehrere chronisch suizidale Persönlichkeitsanteile, die in bestimmten Auslösesituationen für dramatische Krisen sorgen können. Auch hier ist es wichtig, diejenigen Persönlichkeitsanteile zu identifizieren, die mit Träger oder Verursacher der Suizidimpulse oder Handlungen sind (siehe hierzu auch das Fallbeispiel im folgenden Abschnitt).

4.3.2 Aufbau einer vertrauensvollen Beziehung – Überwindung der Angst vor Bindung

Der Aufbau einer therapeutischen Beziehung sollte von Seiten der Therapeutin aktiv gestaltet werden. Eine sehr zurückgenommene und abwartende Haltung begünstigt schwere pathologische negative Übertragungsreaktionen, die vermieden oder begrenzt werden sollten. Dies ist notwendig, da diese sonst mit einer schwer beherrschbaren Intensität und Wucht auftreten können. Zudem werden häufig schnell wechselnde

---

288 ISSTD Guidelines (2011); Gast & Wirtz (2016)
289 Brand (2001)

Übertragungsmuster ausgelöst, die für alle Beteiligten verwirrend und irritierend sind. Für die Therapeutin ist es immer wieder wichtig, von den induzierten Gegenübertragungsgefühlen einen angemessenen Abstand zu bekommen, was angesichts der Intensität bei der Arbeit mit schwer Traumatisierten nicht immer einfach ist. Hierbei kann das Wissen helfen, dass in der therapeutischen Übertragungsbeziehung unerträgliche (früh-) kindliche Erfahrungen transportiert und vermittelt werden, die oft (noch) nicht bewusst ausgedrückt und verbalisiert werden können.

Patientinnen mit schweren dissoziativen Störungen haben oft von frühester Kindheit an schwerste Beziehungstraumatisierungen erlebt und daher große Schwierigkeiten, sich auf eine vertrauensvolle Beziehung einzulassen. Zudem sind sie häufig in einer Familie groß geworden, in der extreme Gewalt und Willkürerfahrungen an der Tagesordnung waren und in der sie keine Möglichkeit hatten, ein Gefühl von Selbstbestimmtheit oder Selbstkompetenz zu entwickeln. Sowohl im seelischen als auch im körperlichen Bereich wurden ihre Bedürfnisse missachtet oder verletzt. Um bei der Patientin Willkürerfahrungen zu vermeiden, muss daher besondere Sorgfalt auf einen festen Rahmen (Stundenzahl und Stundenfrequenz, feste Zeiten, feste Orte, Therapieziel und Techniken) gelegt werden, der mit der Patientin klar besprochen werden muss. Da viele Patienten ständige Grenzverletzungen und Regelübertretungen erlebt haben, werden sie häufig genau testen, ob diese vereinbarten Regeln auch eingehalten werden.

Bei vielen Patienten hat es sich bewährt, zu erwartende negative Übertragungen frühzeitig anzusprechen. So kann man zum Beispiel erklären, dass starke negative Vorerfahrungen die Patientin möglicherweise sehr vorsichtig gemacht haben und dass es für sie wichtig ist, zunächst zu überprüfen, ob die Therapeutin wirklich glaubwürdig ist. Häufig ist die misstrauische Grundhaltung sehr schambesetzt, und es kann entlastend sein, diese als Vorsicht zu erklären, die aus der Geschichte der Patienten nicht nur verständlich ist, sondern sogar real notwendig war.

Auch sollte sich die Therapeutin bewusst sein, dass Veränderungen des Rahmens für die Patientinnen häufig eine starke Beunruhigung darstellen (Stundenverlegungen, Unterbrechung durch Urlaub, Reisen etc.). Sie sollten auf ein Minimum begrenzt werden und in dem Zusammenhang auftretende negative Übertragungen sollten sofort angesprochen werden: Häufig erlebt die Patientin die Unterbrechungen als Bestrafung oder als

Antwort darauf, sich nicht genug angestrengt zu haben. Auch können sie von der Patientin als beginnende Anzeichen dafür interpretiert werden, dass die Therapeutin die Beziehung beenden will etc.

> *Beispiel: Frau A. hat in der voherigen Therapie eine sehr belastende Erfahrung gemacht, die sie damals in eine schwer suizidale Krise brachte: Die Vortherapeutin hat die Therapie unerwartet beendet, die Patientin vermutet, dass sich diese überfordert gefühlt hat. Diese Bürde schwebt von Anfang an über der Beziehungsgestaltung zu mir. Suizidale Krisen und Stimmungen treten anfänglich im Behandlungsverlauf sehr plötzlich auf. Es kann schließlich in Erfahrung gebracht werden, dass es vor allem der Persönlichkeitsanteil Elena ist, der dafür verantwortlich ist. Elena ist 13 Jahre alt und war von ihrer Mutter schwer vernachlässigt worden. Der vorherige Therapieabbruch hat ihr Grundlebensgefühl bestätigt, dass sie »zu viel« ist, eine Zumutung; jemand, der andere (auch die Mutter) krank macht durch die bloße Anwesenheit. Als sie jetzt auch noch von der geplanten Intervalltherapie aus der Klinik eine zögerliche Antwort erhält, gerät Frau A. in eine sehr schwere suizidale Krise. Als Elena besorgt sie sich eine Reihe von Medikamenten, deren Einnahme in Kombination tödlich ist. Diese Medikamente trägt sie mit sich herum, immer in der Gewissheit, »gehen zu können«, wenn ihr (auch von mir) schmerzliche Ablehnung widerfährt. Es dauert eine Weile und bedarf einiger Diskussion, bis Elena mir die Medikamente aushändigen kann. Sie erhält von mir im Gegenzug die Versicherung, dass ich an ihrer Entwicklung und ihrem Wachstum interessiert bin, dass ich ihr nicht bewusst weh tun werde und ich sie bitte, es mir zu zeigen, wenn es dennoch passiert.*

4.3.3 Mitteilen und Akzeptanz der Diagnose

In der Regel stehen Patienten der Diagnose einer komplexen dissoziativen Störung, insbesondere der DIS, mehr oder weniger ambivalent gegenüber. Patienten können sich, wie in Kapitel 4.7 bereits dargestellt, durch sie verstanden, erleichtert und hoffnungsvoll fühlen, gleichzeitig aber auch erschreckt, ertappt und ausgeliefert. Die Diagnose und die mit ihr verbundenen evidenten Anzeichen für ihr Vorliegen können – ganz im Sinne der bisherigen Bewältigungsstrategie – längere Zeit geleugnet werden – und damit eben auch das Vorhandensein der dissoziierten Anteile und die zurückliegende Traumageschichte. Diese Verleugnung dient der Abwehr unerträglicher Realität und kann insbesondere von ANPs der Alltagsbewältigung erstaunlich lange aufrechterhalten werden, während andere Persönlichkeitsanteile die Diagnose wie selbstverständlich bestätigen. In Kapitel 1.2 haben wir bereits von der Romanfigur »Sibyl« berichtet, die auf die Fallgeschichte von Shirly Mason und ihrer Therapeutin C. Wilbur zurückzuführen ist; in ihren Dokumenten fand man später Aufzeichnungen, in denen sie angibt, alles nur vorgespielt zu haben. Ambivalenz der Diagnose gegenüber ist häufig. Insbesondere kann die ANP lange leugnen, die Diagnose zu haben, während andere Anteile »längst Bescheid wissen«. Grundsätzlich ist die Benennung und Besprechung der Diagnose und das daraus resultierende therapeutische Vorgehen eine wichtige Weichenstellung im Gesamtbehandlungsplan. Die Diagnose wird zur Basis, um über die sonst üblichen therapeutischen Interventionen für Komplextrauma auch die dissoziationsspezifischen Interventionen einzuführen. In der Regel fällt es den Patientinnen leichter, die Diagnose zu akzeptieren, wenn sie spüren, welche Chancen zur Veränderung und Funktionsverbesserung mit dieser Diagnose verbunden sind. Erfahrungsgemäß kommt es dann im Verlauf der Stabilisierungsphase zu einer Entlastung, so dass Patientinnen, deren Pathologie vormals wie eine Borderline-Symptomatik wirkte, sich relativ rasch beruhigen und stabilisieren können. Dennoch bleiben Therapieverläufe bei vielen Patientinnen über weite Strecken krisenhaft.

4.3.4 Arbeit mit Persönlichkeitsanteilen

Nach den ISSTD-Behandlungsempfehlungen erweist es sich in der Behandlung von DIS-Patienten als hilfreich, die therapeutische Aufmerksamkeit auf ein ganzes *System* von Persönlichkeitsanteilen zu richten – und sich nicht nur auf einzelne Persönlichkeitsanteile zu konzentrieren (im Weiteren nach ISSTD Guidelines[290]). Mit »System« ist eine organi-

---

290 ISSTD Guidelines (2011); Gast & Wirtz (2016), siehe auch Literatur von Putnam (1989), Ross (1997), Kluft (2001, 2006), Kluft & Fine (1993), Van der Hart et al. (2006), Chu (2011) sowie Chefetz (2015)

sierte, subjektiv logische, regelgebundene Anordnung von interagierenden und/oder widersprüchlichen Anteilen gemeint. Die Fokussierung ist tatsächlich dem eines Gruppengeschehens oder einer Systemischen Therapie ähnlich, bei der ein Gesamtsystem im Blick zu behalten ist.

Gerade zu Beginn der Therapie fällt es den Patientinnen oft schwer, Verantwortung für das Verhalten aller Persönlichkeitsanteile (in ihrem Lebensumfeld, in der Therapie sowie im Inneren) zu übernehmen. Dies ist jedoch zentral für den Gesundungsprozess und sollte zu einem möglichst frühen Zeitpunkt in der Therapie angesprochen und vereinbart werden. Dabei sind folgende Strategien förderlich, um die interne Kommunikation zu verbessern: 1. Die Patientin wird ermutigt, die Diskussion zwischen Persönlichkeitsanteilen zu fördern. 2. Die Therapeutin betont die Bedeutung aller Persönlichkeitsanteile und unterstützt die Patientin dabei, dies ebenfalls anzuerkennen. 3. Es werden Vereinbarungen aller Persönlichkeitsanteile getroffen hinsichtlich der inneren Sicherheit im Umgang mit selbstverletzendem und/oder suizidalem Verhalten.[291]

Die Aufgabe der Patientin besteht darin, sich mit der Beschaffenheit ihrer Störung und ihrem inneren System auseinanderzusetzten. Insbesondere geht es darum, diejenigen Persönlichkeitsanteile »kennenzulernen«, zu akzeptieren und zu verstehen, die in ihrem jetzigen Leben eine aktive Rolle spielen und Einfluss auf sie zu nehmen. Sie muss lernen, dass sie für alle Persönlichkeitsteile und deren Aktivitäten verantwortlich ist. Mit Unterstützung der Therapeutin entwickelt die Patientin Strategien, die zur besseren internen Kommunikation beitragen. In der Therapie wird sie z. B. ermutigt, sich »intern zu unterhalten, nach innen zu fragen, mit X in Kontakt zu gehen, der Stimme zunächst einmal zuzuhören u. Ä.

Auch geht es darum, Verständnis und Wertschätzung füreinander zu wecken. Die Therapeutin unterstützt dies, indem sie betont, dass »alle« wichtig sind und nur durch die Mitarbeit aller die Therapie erfolgreich sein kann. Zudem müssen Vereinbarungen aller Persönlichkeitsanteile etabliert werden, um Sicherheit vor selbstverletzendem und/oder suizidalem Verhalten zu gewährleisten. Dabei kann die Metapher hilfreich sein, dass alle in einem Boot sitzen.

Hier gibt es verschiedene Hilfsmittel, zum Beispiel das Führen eines Tagesbuches, um den Patientinnen einen besseren Zugang zu den

---

291 Boon et al. (2011)

verschiedenen abgespaltenen Persönlichkeitsanteilen zu ermöglichen. Auch die Aufforderung, stärker auf innere Stimmen zu achten, falls solche vorhanden sind, kann die Kontaktaufnahme zu den dissoziierten Persönlichkeitsanteilen erleichtern.

Bei einer depressiv selbstanklagenden, konfliktvermeidenden Alltagspersönlichkeit ginge es zum Beispiel darum, immer wieder ihre Angst vor Aggressionen anzusprechen und zu bearbeiten, damit es ihr eher möglich wird, mit den aggressiven Alter-Persönlichkeiten in Kontakt zu kommen. Bei einem kontrollierend und fordernd auftretenden dominierenden Alltagsanteil der Persönlichkeit ginge es dann eher darum, den Widerstand gegen Regression und Abhängigkeit zu bearbeiten. Auch kann man gezielt versuchen, bestimmte Persönlichkeitsanteile zu Beginn der Therapie zu fördern, um das Gesamtsystem zu stabilisieren. So bewährt es sich, nach starken, durchsetzungsfähigen und aggressiven Persönlichkeitsanteilen zu suchen, um diese aktiv als Kooperationspartner zu gewinnen. Dies sollte man tun, bevor man stärker mit extrem regressiven, traumatisierten und dysfunktionalen Persönlichkeitsanteilen arbeitet, zum Beispiel die traumatisierten Kinder »hervorruft«.

Durch das Erstellen einer »inneren Landkarte« gewinnen die Patientin und die Therapeutin gemeinsam einen Überblick über das innere Persönlichkeitssystem. Die Patientin wird dann ermutigt, mit den verschiedenen Anteilen der Gesamtpersönlichkeit in Kontakt zu treten, diese kennenzulernen und Kompromisse miteinander auszuhandeln, damit ein unkontrolliertes Wechseln und Ausagieren der verschiedenen Persönlichkeitsanteile reduziert werden kann. Häufig findet sich folgendes charakteristische Muster im Persönlichkeitssystem:

1. Die Alltagspersönlichkeit (= Host), die an die Anforderungen des Alltags angepasst ist,
2. Kinder-Persönlichkeitsanteile, die unter dem Einfluss schwerer Traumatisierungen entstanden sind und die die Traumaerinnerungen eingefroren und abgekapselt in sich tragen,
3. »Wächterinnen« oder »Beschützerinnen« sowie
4. sogenannte »dunkle Alter«, die sich entweder täter-loyal verhalten und sich dem Wertesystem der früheren Täter unterwerfen oder täteridentifizierte Anteile, die als personifizierte Täterintrojekte im Individuum weiterleben.

Wie oben schon erwähnt, ist die Einbeziehung der Wächter und Beschützerpersönlichkeiten wichtig. In diesen Anteilen steckt häufig sehr viel kraftvolles Potential, das frühzeitig mit in die Therapie und das Arbeitsbündnis integriert werden sollte, um ein destruktives Agieren zu reduzieren oder zu vermeiden. Eine Einladung zur Kooperation mit den täteridentifizierten Anteilen wird in der Regel am besten dadurch erreicht, dass man auch diesen Anteilen eine freundlich gewährende, interessierte Grundhaltung entgegenbringt, andererseits aber auch seine Wertvorstellung deutlich vertritt und Grenzen setzt. Eine akzeptierende Haltung allen Anteilen gegenüber ist die Voraussetzung dafür, dass die Patientin ebenfalls bereit ist, alle dissoziierten Anteile an sich zunächst einmal wahrzunehmen, kennenzulernen und zu akzeptieren. (Diese zunächst etwas ungewohnt wirkenden Techniken sollen anhand eines weiteren Fallbeispiels verdeutlicht werden, und zwar durch die Therapie von Frau S., die sich bereits im fortgeschrittenen Stadium der Behandlung befindet.)

4.3.5 Kartieren der inneren Landkarte und interne Kooperation

Häufig ist zu Beginn der Therapie das Persönlichkeits-System der Patientinnen noch nicht bekannt. Manchmal gibt es zunächst nur indirekte Anhaltspunkte für das Vorhandensein von anderen Persönlichkeitszuständen, doch können die Patientinnen aufgrund hoher amnestischer Barrieren zunächst keine Auskunft über ihr vollständiges System geben. Sobald in der Therapie deutlich wird, dass es abgespaltene Persönlichkeitsanteile gibt, empfiehlt es sich, diese aktiv mit in die Therapie einzuladen.[292] Zudem ist es sinnvoll darüber bestimmte Regeln zu benennen, damit die Beteiligung geordnet erfolgen kann. So können z. B. nicht alle gleichzeitig zu Wort kommen. Auch hat dabei Sicherheit und Funktionalität der Patientin Vorrang vor weiterer Exploration oder Aufdeckung und Mitteilung von traumatischen Erfahrungen. Ein inneres Aushandeln dieser Wertigkeit ist wichtig und das Bild einer inneren Konferenz hilfreich. Konkrete Anregungen finden sich hierzu bei Boon et al.[293]

---

292 Kluft (2011), S. 76 in: Reddemann et al. (2011)
293 Boon et al. (2013), Kapitel 7

Wenn es einigen Anteile nicht möglich ist, sich direkt in der Therapie mitzuteilen, können diese ermutigt werden, es indirekt zu tun, z. B. über den Anteil, der gerade vorne ist. Diejenigen, die es nicht schaffen, sich in der Stunde zu melden, können ermutigt werden, vielleicht im Tagebuch etwas niederzuschreiben und es über die aktiven Persönlichkeitsanteile in die nächste Stunde mitzubringen. Über solche Wege ist es zumeist möglich, eine Zusammenarbeit mit den abgespaltenen Persönlichkeitsanteilen zu erreichen. Wichtig ist die Botschaft, dass alle Persönlichkeitsanteile willkommen sind und dass die Therapie nur gelingen kann, wenn sich alle daran beteiligen.

Zudem besteht häufig eine hohe Abwehr, insbesondere bei »Täteridentifizierten Persönlichkeiten« oder bei »Beschützerpersönlichkeiten«, sich in der Therapie erkennen zu geben. Hier helfen Erklärungen, dass Täter-Introjekte in der Not das Überleben gesichert haben, dass diese Notsituation aber jetzt vorüber ist und andere Regeln gelten. Auch hilft hierbei die zunehmende Erfahrung in der Therapie, dass einerseits autonome Bestrebungen der Patientin respektiert und gefördert werden, andererseits aber einer destruktiven Aggressivität Grenzen gesetzt werden:

Frau A. hat große Schwierigkeiten, sich mit einem inneren »Schatten« auseinanderzusetzen oder ihn gar in der Therapie direkt sprechen zu lassen. Stattdessen kommt es nach konfliktreichen Stunden immer wieder zu Selbstverletzungen und E-Mails mit schroffem Inhalt, dass die Patientin die Therapie beenden wird. Dadurch ist die Therapie vorübergehend sehr aufreibend. Ich erinnere dann daran, dass wir einen Gewalt-Verzicht-Vertrag abgeschlossen haben und dass der für alle gilt. Ich ermutige zudem, dass ich daran interessiert bin, die Vorbehalte gegenüber der Therapie zu erfahren, dass ich aber nicht ständig in der Unsicherheit gehalten werden möchte, ob die Therapie fortgesetzt wird. Frau A. teilt mir daraufhin mit, dass sie die Stimme vom Schatten hören kann und dass er davor warnt, der Therapeutin zu viel Vertrauen zu schenken. Über diesen Weg kann ich mit dem Schatten eine Abmachung aushandeln, dass er mich weiter prüfen kann, ob ich vertrauenswürdig bin. Er kann mir zusagen, dass er die Therapie nicht einfach beendet, sondern stattdessen ein Signal gibt, wenn »zu schnell und zu viel preisgegeben wird«. Über diese Vereinbarung beruhigt sich der Therapieverlauf.

Durch das Kartieren des Innensystems lassen sich also zum Teil sehr rasche und verblüffende Entlastungen der Symptome erreichen. Gleichzeitig geht die Bewusstmachung des Innensystems – verbunden mit dem Gewahrwerden schwerer Traumatisierungen im Kindesalter – in der Regel mit einer tiefen Erschütterung einher. Auch die Erkenntnis, dass der Patientin eine mehrjährige harte therapeutische Arbeit bevorsteht, muss verarbeitet und in der weiteren Lebensplanung berücksichtigt werden. Im weiteren Therapieverlauf geht es um die Umsetzung der Stabilisierungstechniken in den Alltag sowie die Einübung der inneren Kommunikation und Kooperation. Wenn dies sicher etabliert ist, kann eine intensivere Beschäftigung mit den traumatischen Erinnerungen erfolgen.

Gleichzeitig ist es aber auch wichtig, dass die Patientin lernt, sich nicht selbst zu überfordern. Als wichtige Regel gilt hier, dass Stabilisierung und Funktionsfähigkeit Vorrang haben vor weiterer und forcierter Exploration.[294] So ist es zum Beispiel nicht sinnvoll, dass die Patientin immer umfangreicheres traumatisches Material berichtet, ohne zu bemerken, dass sie selbst längst den Kontakt zu ihrem eigenen Körper und zu ihren Gefühlen verloren hat. Wichtiger wäre es in diesem Fall, mit der Patientin die Selbstbeobachtung und Affektwahrnehmung zu üben. Dies kann zum Beispiel dadurch geschehen, dass mit der Patientin vereinbart wird, vor jeder weiteren Mitteilung eine Rückmeldung zu geben, ob und inwiefern sie noch im Kontakt mit sich selber ist. Dieses Vorgehen beugt masochistischer Selbstbestrafung vor, ebenso der negativen Erwartung an die Therapeutin, dass diese »alles aus der Patientin herausholen« will. Auf diese Art und Weise wird ein langsameres, aber sehr viel stabileres und krisenärmeres Vorgehen erreicht. In dieser Phase sind alle Techniken hilfreich, die der Patientin zu mehr Selbstkontrolle, Selbstwirksamkeit und Selbstexploration verhelfen.

4.3.6 Begleitende pharmakologische Behandlung

Die Medikamentengabe richtet sich nach der komorbiden Begleitsymptomatik. Niedrig dosierte Neuroleptika als Basismedikation können eine sinnvolle Beruhigung bewirken, durch welche die Psychotherapie erst

---

294 Kluft (2011), S. 76 in: Reddemann et al. (2011)

möglich wird. Die häufige depressive Gestimmtheit der Alltagspersönlichkeit ANP kann durch Antidepressiva, insbesondere SSRI, gemildert werden. Anxiolytika, Tranquilizer und Hypnotika sind in Krisen hilfreich, bergen aber gerade bei dissoziativen Patienten aufgrund der mangelnden Affektregulation ein hohes Missbrauchsrisiko und sollten daher nur mit großer Vorsicht gegeben werden.

4.4 Traumabearbeitung

Ziel der Traumabearbeitung ist eine Transformation durch Entgiftung der traumatischen Erinnerungen und durch kognitive und emotionale Umstrukturierung. Die kausale Methode ist eine kontrollierte Traumakonfrontation. Bei sehr komplexen Traumatisierungen, wie dies in der Regel bei der Dissoziativen Identitätsstörung und bei der Andere Näher Bezeichneten Dissoziativen Störung der Fall ist, kann die Traumabearbeitung einschließlich der Abreaktion nur in kleinen Schritten erfolgen und muss sehr gut vorbereitet sein. Kluft spricht von fraktionierter Traumabearbeitung.[295] Vor der eigentlichen Traumakonfrontation müssen zusätzliche Techniken zur besseren Kontrolle über die traumatischen Erinnerungen eingeübt werden. Hierzu eignen sich besonders imaginative Techniken, wie sie hier in Deutschland von Reddemann und Sachsse[296] bekannt gemacht wurden. So wurde in dem Fall von Frau K. mit den traumatisierten Anteilen das Stoppen von Flashbacks, das Deponieren traumatischer Erfahrungen in einem Safe und immer wieder das Aufsuchen des inneren sicheren Ortes geübt. Erst wenn Möglichkeiten zur Distanzierung und Selbsttröstung eingeübt sind und eine ausreichende Stabilität und Sicherheit im Alltag erreicht ist, kann eine Traumakonfrontation durchgeführt werden. Dadurch verlieren die traumatischen Erinnerungen ihre Tendenz zu spontanen und unkontrollierbaren Reassoziationen. Die Aufspaltung der Persönlichkeit als Ab-

---

295 Kluft (1988), Kluft (2014)
296 Reddemann & Sachsse (1997)

wehrmechanismus gegenüber traumatischen Erinnerungen verliert an Bedeutung. Eine Integration der verschiedenen Selbstzustände wird so möglich. Für Patienten mit extremen Traumatisierungen ist allerdings eine vollständige Integration häufig nicht möglich. Stattdessen kann eine bessere Kooperation der Anteile untereinander erreicht werden. Der Prozess der Integration bedeutet, dass die einzelnen Anteile sich allmählich annähern und ihre Erfahrungen und Eigenheiten schließlich so intensiv miteinander teilen, dass ein kohärentes Selbstempfinden entstehen kann.[297, 298]

4.5 Die nachintegrative Phase

In der nachintegrativen Therapiephase schließlich ist die Trauerarbeit um die zerstörte Kindheit und die erlebten Verletzungen ein wichtiges Thema. Die Patienten müssen außerdem in ihrem innerpsychischen Erleben und Reagieren sowie im sozialen Verhalten ein völlig verändertes Selbst- und Lebensgefühl gewinnen und hierbei neue Bewältigungsstrategien aufbauen. Häufig bleiben auch bestimmte Probleme der einzelnen Alternativ-Ichs (z. B. Ess- oder Schlafstörungen, eine Borderline-Persönlichkeitsstruktur etc.) auch nach der Integration noch bestehen und müssen psychotherapeutisch behandelt werden. Grundsätzlich ähnelt diese nachintegrative Phase stärker den sonst üblichen tiefenpsychologisch orientierten Psychotherapien.

---

297 ISSTD Guidelines (2011); Gast & Wirtz (2016)
298 Kluft (1993b)

5   Spezifische Herausforderungen

Wie im Vorkapitel beschrieben, stellt allein die Fülle an Symptomen, Beeinträchtigungen und Problemen – ähnlich wie bei Borderline-Patienten oder anderen komplexen Posttraumatischen Störungen – eine ziemliche Herausforderung für Therapeuten dar. Im Folgenden wollen wir spezifische Schwierigkeiten beschreiben, die in der Behandlung komplex traumatisierter und dissoziierter Patinten zusätzlich auftreten können.

5.1   Probleme mit Vertrauen und Selbstwirksamkeit

Wie bereits in der Diagnostik erwähnt, haben Patientinnen mit DIS aufgrund der erlebten Beziehungstraumatisierungen große Schwierigkeiten, sich auf eine vertrauensvolle Beziehung einzulassen. Zudem ist davon auszugehen, dass sie in einem Familiensystem mit extremer Gewalt und Willkürerfahrung großgeworden sind, in dem sie keine Möglichkeiten hatten, ein Gefühl von Selbstbestimmtheit oder Selbstkompetenz zu entwickeln. Grenzverletzungen und Beziehungsabbrüche waren oft alltägliche Erfahrungen und werden als Beziehungsstil internalisiert und mit selbstschädigendem Verhalten (Selbstverletzung, Suchtverhalten, aggressivem Verhalten, missbräuchlichen Beziehungen) weitergeführt. Ein zuverlässiger therapeutischer Rahmen mit klaren, überschaubaren Regeln ist daher wichtige Voraussetzung, damit die Patientin ein Gefühl für Sicherheit und Vertrauen in der therapeutischen Beziehung entwickeln kann. Dabei wird die Patientin immer wieder mit verschiedensten reinszenierten Grenzüberschreitungen die Vertrauenswürdigkeit und Zuverlässigkeit der Therapeutin testen. Es ist sinnvoll, mit einer aktiven Haltung eine vertrauensvolle therapeutische Beziehung aufzubauen, indem diese Tests immer wieder thematisiert werden. Die Arbeit an der äußeren und inneren Sicherheit der Patientin ist also zu Beginn der Behandlung das zentrale Thema. Hierbei muss auch auf aktuelle Gefährdungen, zum Beispiel durch weiterhin bestehende Täterkontakte oder missbräuchliche Beziehungen, geachtet werden. In Bezug auf die innere Sicherheit müssen Absprachen hinsichtlich Suizid und Selbstverletzungsimpulsen getroffen werden. Diese Phase ist oft die längste in der Behandlung. Einige Patienten bleiben möglicherweise in dieser Phase, da sie sich aus destruktiven Beziehungen nicht lösen können, die dissoziativen Fähigkeiten narzisstisch sehr hoch besetzt sind oder psychiatrische komorbide Störungen die Gesundung verhindern.[299]

5.2 Überblick behalten

Um in der Polysymptomatik einen Überblick zu behalten, hilft die Orientierung am oben beschriebenen Phasenmodell sowie die Einhaltung einer bestimmten Rangfolge von Therapieinterventionen. In der Stabilisierungsphase steht das Errichten von Sicherheit und Selbstkontrolle an erster Stelle, gefolgt von Interventionen, die die Selbstfürsorge und Affektregulierung fördern. Schließlich geht es um die Entwicklung von Mentalisierung, d. h. das Erkennen von Absichten und Motivationen.[300] In dieser Phase – verbunden mit den hier zu bewältigenden Therapieschritten – lernen Therapeut und Patient das System und die Funktionsweise der abgespaltenen Persönlichkeitsanteile und deren Biographie kennen. Oft ist es auch schwer, den emotionalen Überblick zu behalten, da durch die Dissoziation der Persönlichkeit stark wechselnde, oft sehr heftige Gegenübertagungsgefühle ausgelöst werden können.[301] In der

---

299 Brand & Loewenstein (2010)
300 Wöller et al. (2012), Wöller (2013)
301 Kluft (2011), S. 76 in: Reddemann et al. (2011)

zweiten Phase erfolgt die schonende Traumatherapie, die sich an der Konfiguration der Persönlichkeitsanteile orientiert.[302] Eine konfliktzentrierte Psychotherapie zur Korrektur schädlicher Beziehungsmuster ist in der Regel erst in der dritten nachintegrativen Phase möglich.[303, 304]

5.3 Dissoziative Zustände

Auch wenn die Phasenbehandlung und Rangfolge von Interventionen angemessen eingehalten werden, ist dennoch mit krisenhaftem Verlauf zu rechnen. Krisen sind behandlungsimmanent, da jede Überwindung dissoziativer Barrieren eine Labilisierung bisheriger Bewältigungsstrategien zur Folge hat.[305] Insbesondere kann es zu Gefühlsüberflutungen, Flashback-Erleben und unkontrollierter Trance kommen. Wenn dies anhaltend passiert, kann es die Therapie gefährden, weil z. B. die Therapiestunde im ambulanten Setting wiederholt nicht rechtzeitig beendet werden kann. Es gilt dann gemeinsam herauszufinden, wie die Patientin wieder Kontrolle über sich bekommen und Mitverantwortung zum Einhalten des Settings übernehmen kann.[306] Die Dissoziationsneigung kann Anzeichen dafür sein, dass in der Therapie zu schnell vorangegangen wurde, zu rasch traumatisches Material behandelt wurde, dass zunächst die Affekttoleranz verbessert werden muss und/oder dass Widerstand (z. B. von bestimmten Persönlichkeitsanteilen) nicht ausreichend beachtet wurde.

5.3.1 Täterkontakt

Wenn sich ein Behandlungsverlauf nicht beruhigt, sollte ein Täterkontakt oder das Vorliegen schädlicher oder gewalttätiger Beziehungen in

---

302 Kluft (1996)
303 ISSTD Guidelines (2011); Gast & Wirtz (2016)
304 Wöller et al. (2012)
305 Van der Hart et al. (2006/2008)
306 Boon et al. (2011)

Betracht gezogen werden. So kann die Therapeutin fragen, ob die Patientin zurzeit sicher ist oder ob sie weiterhin schädlichen Kontakten oder gar Gewalt ausgesetzt ist.[307] Wenn die Patientin dies verneint, muss dies nicht unbedingt der Wirklichkeit entsprechen. Möglicherweise berichtet sie von weiterhin bestehenden Traumatisierungen nicht, weil sie zu diesen Ereignissen im Alltagsbewusstsein keinen Zugang hat oder weil sie sich vor den Reaktionen der Therapeutin fürchtet. Dennoch senkt die Frage die Schwelle bei den Betroffenen, darüber zu sprechen, zumal die Therapeutin durch ihre Frage signalisiert, dass sie solche Gegebenheiten grundsätzlich für möglich hält. Falls sich ein solcher Verdacht bestätigt, hat die Arbeit an dem Lösen aus der Täterbeziehung Vorrang vor allen anderen Themen. Kenntnisse über das Innensystem sind dabei notwendig, um diejenigen Anteile in die Therapie einzubinden, die weiterhin den Kontakt pflegen. Dabei ist es unerlässlich, deren Motive zu verstehen und Absprachen über die Beendigung des schädlichen Kontaktes zu treffen.[308] Bei Missbrauch durch Tätergruppen, insbesondere auch bei solchen mit satanistischem Hintergrund[309] sollte die Möglichkeit generell in Betracht gezogen werden, dass die Patientin aktuell weiterhin durch einen oder mehrere primäre Täter missbraucht wird oder während der Behandlung erneut Kontakt mit den Tätern aufnimmt.[310] Letzteres sollte insbesondere dann berücksichtigt werden, wenn es zu einer unerklärlichen Veränderung in der therapeutischen Beziehung oder ihrer plötzlichen Verschlechterung kommt. Bei Opfern von Tätergruppen sollten besondere Regeln und juristische Vorsichtsmaßnahmen, evt. auch die Kooperation mit entsprechend spezialisierten (Sekten-)Beratungsstellen zusätzlich beachtet werden.[311, 312, 313]

---

307 Huber (2011)
308 ISSTD Guidelines (2011); Gast & Wirtz (2016)
309 wie z. B. bei Fröhling (2008) beschrieben
310 Kownatzki et al (2012); Nick & Richter-Apelt (2016)
311 Miller (2015); Fliß & Igney (2008)
312 Kownatzki et al. (2011)
313 Fliß & Igney (2008)

5.3.2 Überwertige Faszination von Dissoziation

Die dissoziativen Fähigkeiten von Patienten können, gerade bei weniger geübten Therapeuten starke Faszination ausüben. Dies kann dazu verleiten, den Persönlichkeitsanteilen übermäßig Aufmerksamkeit zu widmen und so die dissoziative Abwehr verfestigen. Suggestive Techniken sind bei der Diagnostik und dem Erkunden der Anteile zu vermeiden, da dadurch auch Artefakte und Pseudo-Dissoziationen von Persönlichkeitsanteilen iatrogen hervorgerufen werden können (z. B. durch »Innere-Kind-Arbeit« ohne ausreichende Erklärung des »Als-ob-Charakters«[314, 315]). Eine mögliche Artefakt-Bildung kann umgangen werden, wenn zunächst bei der Erkundung *neutrale Begriffe für das Erfragen psychischer Strukturen* benutzt werden,[316] wenn also nach »Seiten in Ihnen«, »einem Teil von Ihnen« oder »einer Ecke in Ihrem Kopf« gefragt wird. Günstig ist es auch, sich eng an die Terminologie der Patientinnen zu halten. Man könnte z. B. sagen: »Sie haben da gerade von ›Seelen‹ in Ihrem Kopf gesprochen. Was meinen Sie damit? Können Sie mir mehr über diese ›Seelen‹ erzählen?« Andere Ausdrücke für abgespaltene Selbstzustände sind »Schatten« »Andere«, »Ichs« »parts« oder »Leute«.[317, 318]

5.3.4 Parteilichkeit vermeiden

Wenn sich dissoziierte Persönlichkeitsanteile zeigen, die sich als verschiedene Personen erleben und sich z. B. mit verschiedenen Namen bezeichnen, ist es wichtig, dieses subjektive Erleben ernst zu nehmen und darauf in der weiteren Therapie entsprechend einzugehen. Nur über eine wohlwollend annehmende Haltung der Therapeutin kann auch den Betroffenen selbst eine Annahme ihrer abgespaltenen Selbst-Zustände gelingen und dadurch eine Integration ermöglicht werden. Ein Partei-Ergreifen oder Bevorzugen bestimmter »Innenpersonen« sollte jedoch vermieden werden. Eine Überidentifikation mit angepassten Selbstantei-

---

314 Draijer & Boon (1999)
315 Thomas (2001)
316 Kluft (1993b)
317 ISSTD Guidelines (2011); Gast & Wirtz (2016)
318 Gast & Drebes (2009)

len verstellt oft den Blick für das Vorhandensein aggressiver Anteile oder von Täterintrojekten.[319] Auch diese gehören jedoch zur Patientin dazu, müssen als Überlebensstrategie gewürdigt und in das »innere Haus« der Gesamtpersönlichkeit integriert werden. Insgesamt bleibt es ein therapeutischer Balanceakt, das subjektive Empfinden von »getrennten Personen« empathisch zu begleiten, aber gleichzeitig die äußere Realität eines einheitlichen Individuums mit einer einheitlichen Verantwortung immer wieder zum Thema zu machen.

5.3.5   Multiple Realitäten

Patienten mit gespaltenen Identitätszuständen haben je nach aktiviertem Zustand eine sehr unterschiedliche Wahrnehmung von der Realität. Kluft spricht von »Multiple Realitäten«.[320] Wenn eine Patientin über ihre Erinnerungen von einem traumatischen Ereignis berichtet, muss man sich bei Patientinnen mit Dissoziativer Identitätsstörung in besonderem Maße vor Augen halten, dass sie nicht der historischen Wahrheit entsprechen muss. Dies hängt damit zusammen, dass jeder Persönlichkeitszustand nur über einen begrenzten und spezifischen Erinnerungsausschnitt verfügt und diese Erinnerung zudem dadurch verzerrt sein kann, weil die Realität in belastenden Situationen häufig in Trance wahrgenommen wird. Wenn Patientinnen über belastendes oder traumatisches Material berichten, ist es zunächst sinnvoll, sich vor allem auf die *emotionale* Botschaft einzustellen, dass der Patientin »etwas Schlimmes passiert ist« und dass man ihre Not verstanden hat. Man sollte sich aber nicht in die Situation bringen lassen, alles als Wahrheit zu bestätigen, was die Patientin sagt, da neben realen Erinnerungen auch Pseudoerinnerungen vorkommen. Dies gilt in gewisser Weise für alle traumatischen Erinnerungen, ist aber bei den komplexen dissoziativen Störungen in besonderer Weise zu beachten.

Die »Wahrheit aus verschiedenen Blickwinkeln« gilt nicht nur für traumatisches Material, wie Löwenstein[321] in einem sehr eindrucksvollen Beispiel von einer Patientin zeigt, die sich über die Nebenwirkungen des Antidepressivums Imipramin beschwerte: Während die Alltagsper-

---

319 Kluft (2011), S. 76 in: Reddemann et al. (2011)
320 Kluft (2011), S. 76 in: Reddemann et al. (2011)
321 Löwenstein (1991)

sönlichkeit triumphierend von einer erfolgreichen Symptombesserung berichtete, tauchte plötzlich ein weiterer Persönlichkeitszustand auf, der zynisch nachfragt, warum man diese Medikamente überhaupt brauche. Ein dritter Persönlichkeitszustand beschwerte sich bitterlich über die Nebenwirkungen in Form von Tremor, trockenem Mund und ähnlichem. Eine vierte »Persönlichkeit« verriet schließlich, dass die Medikamente gar nicht eingenommen, sondern von einer fünften »gebunkert« wurden, um einen Suizidversuch vorzubereiten. So stellt sich am Ende heraus, dass das verordnete Medikament nicht ein einziges Mal eingenommen wurde.

5.3.6 Umgang mit traumatischen Erfahrungen

Ähnlich widersprüchliche Angaben kann man auch hinsichtlich früher traumatischer Situationen erhalten. So kann ein Persönlichkeitszustand angeben, vom Nachbarn vergewaltigt worden zu sein. Ein zweiter kann berichten, dass er vom Vater vergewaltigt wurde. Ein dritter wiederum kann behaupten, dass der Vater ein ganz wunderbarer Mensch ist. Es ist wichtig, dass die Therapeutin diese widersprüchlichen »Realitäten« anspricht, aber nicht in Form eines Verhörs, sondern in einer vorsichtigen und einladenden Art: So kann man nach Erklärungen oder Beiträgen zu dem Problem fragen oder dazu anregen, in einen gegenseitigen Austausch oder Befragungsprozess einzutreten, anstatt die eine oder andere Version zu bevorzugen und daraus voreilige Schlüsse zu ziehen.

Bei der Behandlung von Frau B. war die »Alltagspersönlichkeit« Karin zu Beginn der Therapie und auch noch fast die gesamten ersten zwei Jahre weitgehend amnestisch für die anderen Persönlichkeitszustände. Im Laufe der Therapie stellte sich heraus, dass sie von den anderen »Personen« als Verräterin geächtet wurde. Auf meine Frage hin, was man ihr vorwerfe, beschuldigt Gertrud sie, an der Vergewaltigung der Kleinen mit beteiligt gewesen zu sein. Auf Nachfrage stellt sich heraus, dass Karin nicht nur die Aufgabe hatte, für Haushalt und Kinder zu sorgen und Ämtergänge zu erledigen, sondern dass sie auch regelmäßig von ihrer Mutter zum Untermieter im Hinterhaus geschickt wurde, um von ihm das Mietgeld abzuholen. Dabei kam es regelmäßig zu schweren sexuellen Übergriffen. Verschiedene Persönlichkeitszustände machen jetzt Karin den Vorwurf, dass sie »die

Kleine« regelmäßig zum Täter gebracht hätte. Die weitere Exploration ergibt, dass Karin jedoch für die Traumatisierungen völlig amnestisch war. Sie gibt an, dass sie die von der Mutter aufgetragenen Aufgaben wie Einkaufen und Ämtergänge eigentlich nur absolvieren konnte, indem sie sich »völlig auf stur stellte«, ihre Angst abspaltete und wie ein Roboter funktionierte. Sie quält sich allerdings die ganze Zeit mit einem diffusen Schuldgefühl, etwas ganz Schreckliches gemacht zu haben. Schließlich taucht bei dieser Kommunikation als dritte »Person« eine elegant und selbstbewusst wirkende junge Frau auf, die sich Corry nennt. Sie äußert sich kritisch über die Mutter der Patientin und bezeichnet diese als herzlos und unverantwortlich, weil sie ihre kleine Tochter in die Wohnung eines Mannes schickte, der für seine Rohheit und Gewalttätigkeit im ganzen Haus bekannt gewesen sei. Durch einen Austausch der Kommunikation untereinander kann Karin schließlich aus ihrer Sündenbockfunktion und Isolation herausgelöst und die Verantwortung für die Geschehnisse innerlich der Mutter (und dem Nachbarn) zugewiesen werden. Die innere, dritte Realität sah hingegen zunächst so aus, dass Karin die Schuldige ist, die dafür mit Verachtung bestraft werden musste.

Nicht nur bei zurückliegenden Ereignissen, sondern auch bei aktuellen Geschehnissen muss die Besonderheit der Realität aus dem Blickwinkel der verschiedenen Selbstzustände in Betracht gezogen werden. So ist bei Angaben über aktuelle traumatische Geschehnisse ein empathischer Skeptizismus angebracht. Wenn die Patientin in der Therapie verzweifelt über eine Vergewaltigung berichtet, die sie einige Tage zuvor »erlebt« hat, kann sich dies nach Prüfung aller Informationen folgendermaßen darstellen:[322]

- Es kann eine reale Vergewaltigung im Sinne eines juristischen Strafbestandes vorliegen. Traumatisierte Menschen sind für Trauma-Wiederholung und Reviktimisierung in besonderer Weise anfällig.
- Es kann eine vom System agierte Situation sein, bei der z. B. ein promiskuitiver Persönlichkeitszustand eine nächtliche Männerbekanntschaft nach Hause einlädt und während des sexuellen Kontaktes

---

322 Kluft (1998); Wöller (2005)

»verschwindet«. Es kann sich dann die »Alltagspersönlichkeit« mit einem ihr völlig fremden Mann wiederfinden und die Situation als »Vergewaltigung« fehlinterpretieren.

- Es besteht auch die Möglichkeit, dass ein interner Aggressor für die Traumatisierungen verantwortlich ist. So kann es phantasierte Vergewaltigungen von einem Täter-identifizierten Persönlichkeitszustand an den inneren »Kindern« geben oder ein interner Aggressor kann Flashbacks in einem anderen Anteil triggern. In beiden Fällen können sie wie reale Vergewaltigungen erlebt werden.

Hier kann die Wahrheitsfindung nur gelingen, wenn sich alle Alter-Persönlichkeiten daran beteiligen. Kluft empfiehlt eine Beurteilung der Erinnerung durch geduldige Neutralität, empathischen Skeptizismus und die Vermeidung von Suggestivfragen.[323]

5.4 Nebenwirkung für Therapeuten und Gegenmittel

DIS-Patienten zeigen unter den Posttraumatischen Störungsbildern die höchsten Prävalenz-Raten an traumatischen Erfahrungen in der Kindheit. Die erlebte emotionale, körperliche und sexuelle Gewalt kann brutal, oft sogar eine extrem sadistische Qualität gehabt haben. Entsprechend hoch ist die Gefahr der Sekundär-Traumatisierungen[324, 325] für Therapeuten, die mit DIS-Patienten arbeiten. Erschöpfung und Ausbrennen können die Folgen sein. Insbesondere bei der Behandlung von Patienten mit Traumatisierungen durch organisierte Tätergruppen, z. B. mit satanistischem Hintergrund, können Gefühle der Ohnmacht, Verzweiflung und Hoffnungslosigkeit auch Therapeuten miterfassen. Zudem kann die dissoziative Abwehr auch beim Therapeuten eigene

323 Kluft (1998)
324 Schneider (2013)
325 Daniels (2008)

dissoziative Neigungen aktivieren und Fehlbehandlung oder Grenzverletzungen begünstigen.[326] Hierbei sollte auf schleichende Entgrenzungen bei der Rahmenhandhabung geachtet werden.darüber hinaus kann professionelle Skepsis im beruflichen Umfeld die Etablierung eines stützenden kollegialen Netzwerkes erschweren.

Die beschriebenen Beispiele zeigen also, das die Behandlung der Dissoziativen Identitätsstörung mit sehr spezifischen Herausforderungen verbunden ist, derer man sich bewusst sein sollte, wenn man Patienten mit dieser Störung behandelt. Insgesamt bleibt oft nur ein schmaler Korridor in der Begegnung: So erfordert die Behandlung eine einerseits flexible, aktive Herangehensweise, wobei gleichzeitig ein eindeutiger, fester Rahmen und die Orientierung am Phasenmodell erfolgen sollten. Eine fundierte Ausbildung sowie Supervision und Intervision sind die besten Voraussetzungen, um den Herausforderungen angemessen zu begegnen. Verlaufsbeobachtung und Verlaufskontrolle helfen, den Behandlungserfolg kritisch einzuschätzen oder bei Stagnation das eigene Vorgehen zu überdenken. Eine Orientierung bietet hierbei das Dimensions of Therapeutic Movement Instrument (DTMI), dessen Übersetzung als Therapieeinschätzungsskala (TES) vorliegt.[327] Dieses Instrument bewertet den Verlauf der Therapie in 13 Skalen und erfasst Therapiebündnis, Anpassungsfähigkeit, Management bei Belastungen, Beherrschung der Selbstgefährdung, Qualität der personalen Beziehungen, Arzneimittelbedarf, Bedarf an klinischer Behandlung, Auflösung von Übertragungsphänomenen, Kontakt zwischen den Sitzungen, subjektives Wohlbefinden, Verantwortlichkeit der Anteile für das Selbstmanagement, Integration sowie Funktionalität . Als besondere Belastung muss die Konfrontation mit extremen Traumatisierungen und entsprechenden Einschränkungen der Patienten in Betracht gezogen werden, die auch für die Therapeuten emotional belastend und fordernd sein können. Das beste Gegenmittel gegen diese Nebenwirkungen für Therapeuten ist eine gute Psychohygiene sowie Supervision und Intervision mit offener Fehlerkultur.[328]

---

326 Schleu & Gutmann (2015)
327 Hofmann et al. (2011) in Reddemann et al. (2011) in Anlehnung an Kluft (1994)
328 Linden & Strauß (2013)

Bei all den beschrieben Schwierigkeiten bleibt die Behandlung von Menschen mit dissoziativen Störungen und insbesondere mit DIS eine lohnende und bereichernde Aufgabe, vielleicht auch deshalb, weil im Komtakt mit diesen Patienten nicht nur deutlich wird, wie zerstörerisch Gewalt ist, sondern auch, wie durch Wohlwollen, Achtsamkeit und Liebe in einer therapeutischen Beziehung beeindruckende Heilungskräfte zur Entfaltung kommen können.

Literatur

Ainsworth MDS, Blehar MC, Waters E, Wall S (1978) Patterns of attachment: A psychological study of the Strange Situation. Hillsdale, NJ: Erlbaum.

American Psychiatric Association (1980) Diagnostic and statistical manual of mental disorders (3rd ed.). Washington, DC: American Psychiatric Association.

American Psychiatric Association (1994) Diagnostic and statistical manual of mental disorders (4th ed.). Washington, DC: American Psychiatric Association.

American Psychiatric Association (2013) Diagnostic and statistical manual of mental disorders (5th ed.). Washington, DC: American Psychiatric Association.

American Psychiatric Association (1995) Questions and Answers about Memories of Childhood Abuse, Position Paper. www.apa.org/topics/trauma/memories.¬ aspx?item=2. Zugriff am 27.09.2016.

American Psychiatric Association (2003) Diagnostic and statistical manual of mental disorders (5th ed.). Washington, DC: American Psychiatric Association.

Atlas JA, Hiott J (1994) Dissociative experience in a group of adolescents with history of abuse. Perceptual and motor skills, 78(1), 121–122.

Atlas JA, Wolfson MA, Lipschitz DS (1995) Dissociation and somatization in adolescent inpatients with and without history of abuse. Psychological reports, 76(3c), 1101–1102.

Ball JS, Links PS (2009) Borderline personality disorder and childhood trauma: evidence for a causal relationship. Current psychiatry reports, 11(1), 63–68.

Barach PMM (1991) Multiple personality disorder as an attachment disorder. Dissociation, IV, 117–123.

Becker-Lausen E, Sanders B, Chinsky, JM (1995) Mediation of abusive childhood experiences: Depression, dissociation, and negative life outcomes. American Journal of Orthopsychiatry, 65(4), 560–573.

Bergmann C (2011) Abschlussbericht der Unabhängigen Beauftragten zur Aufarbeitung des sexuellen Kindesmissbrauchs. Herausgeber: Geschäftsstelle der Unabhängigen Beauftragten zur Aufarbeitung des sexuellen Kindesmissbrauchs, Glinkastraße 24, 10117 Berlin (www.sprechen-hilft.de). http://beauftragter_¬ missbrauch.de/mod/resource/view.php?id=301. Zugriff am 27.09.2016.

Bernier MJ, Hébert M, Collin-Vézina D (2013) Dissociative symptoms over a year in a sample of sexually abused children. Journal of Trauma & Dissociation, 14(4), 455–472.

Bernstein EM, Putnam FW (1986) Development, reliability and validity of a dissociation scale. Journal of Nervous and Mental Disease, 174, 727–735.

Biel M (1993) Ich zerfalle in Stücke. SZ-Magazin, Süddeutsche Zeitung, 02.04. 1993.

Bleuler E (1911/1950) Dementia præcox oder die Gruppe der Schizophrenien. Leipzig: Deuticke.

Bleuler E (1927) Lehrbuch der Psychiatrie (1. Auflage.) Berlin: Springer. (6. Auflage 1937; 12. Auflage 1972).

Boon S, Draijer N (1991) Diagnosing Dissociative Disorders in the Netherlands. A pilot study with the Structured Clinical Interview for DSM-III-R Dissociative Disorders. American Journal of Psychiatry, 148, 458–462.

Boon S, Draijer N (1993) Multiple Personality Disorder in The Netherlands. A clinical investigation of 71 patients. American Journal of Psychiatry, 150(3), 489–494.

Boon S, Steele K, Van der Hart O (2011) Coping with Trauma-Related Dissociation: Skills Training for Patients and Therapists. New York. W.W. Norton & Co. Deutsche Übersetzung: Boon S, Steele K, van der Hart O (2013) Traumabedingte Dissoziation bewältigen: Ein Skills-Training für Klienten und ihre Therapeuten. Mit CD. Paderborn: Junfermann.

Brand B (2001) Establishing Safety with Patients with Dissociative Identity Disorder. Journal of Trauma & Dissociation, 2(4), 133–155.

Brand BL, Classen CC, Lanius R, Loewenstein RJ, McNary SW, Pain C et al. (2009a) A naturalistic study of dissociative identity disorder and dissociative disorder not otherwise specified patients treated by community clinicians. Psychological Trauma: Theory, Research, Practice, and Policy. 1(2), 153–171.

Brand B, Classen C, McNary S, Saveri, P. (2009b). A review of dissociative disorders treatment studies. The Journal of Nervous and Mental Disease. 197 (9), 656–654.

Brand BL, Lanius R, Vermetten E, Loewenstein RJ, Spiegel D (2012) Where are we going? An update on assessment, treatment, and neurobiological research in dissociative disorders as we move toward the DSM-5. Journal of Trauma & Dissociation, 13(1), 9–31.

Brand B, Loewenstein RJ (2010) Dissociative disorders: An overview of assessment, phenomonology, and treatment. Psychiatric Times, 27(10), 62–69.

Brand BL, Şar V, Stavropoulos P, Krüger C, Korzekwa M, Martínez-Taboas A, Middleton W. (2016) Separating Fact from Fiction: An Empirical Examination of Six Myths About Dissociative Identity Disorder. Harvard review of psychiatry, 24(4), 257–270.

Bremner JD (2010) Cognitive processes in dissociation: Comment on Giesbrecht et al. (2008) Psychological Bulletin, 136, 1–6.

Brenneis CB (1998) Gedächtnissysteme und der psychoanalytische Abruf von Trauma – Erinnerungen. Psyche, 52, 801–823.

Brentzel M (2002) Anna O. Bertha Papenheim. Biographie. Göttingen: Wallstein.

Breuer J (1895/1987) Fräulein Anna O. In: Freud S, Breuer J (Hrsg.). Studien über Hysterie. Frankfurt/M. Fischer.

Briere J, Runtz M (1988) Symptomatology associated with childhood sexual victimization in a nonclinical adult sample. Child abuse & neglect, 12(1), 51–59.

Briere J (2006) Dissociative symptoms and trauma exposure: Specificity, affect dysregulation, and posttraumatic stress. The Journal of nervous and mental disease, 194(2), 78–82.

Brown D, Scheflin AW, Hammond DC (1998). Memory, Trauma Treatment, and the Law. New York: Norton.

Brown R, Cardeña E, Nijenhuis E, Şar V, Van der Hart O (2007) Should conversion disorder be reclassified as a dissociative disorder in DSM-V?. Psychosomatics, 48, 369–378.

Cardena E, Gleaves DH (2007) Dissociative disorders. In M Hersen, SM Turner (Eds.), Adult Psychopathology and diagnosis (pp. 473–502). New York: Wiley.

Carlson EA (1998) A prospective longitudinal study of attachment disorganization/disorientation. Child development, 69(4), 1107–1128.

Chefetz R (2015) Intensive Psychotherapy for Persistent Dissociative Processes. The fear of feeling real. New York, London: Norton.

Chu JA, Bowman ES (2000) Trauma and dissociation: 20 years of study and lessons learned along the way. Journal of Trauma & Dissociation, 1, 5–20.

Chu JA (2011) Rebuilding shattered lives: Treating complex PTSD and dissociative disorders. John Wiley & Sons.

Cloitre M, Cloitre, M (2015) The »one size fits all« approach to trauma treatment: Should we be satisfied? European Journal of Psychotraumatology, 6, 27344–273451.

Coe MT, Dalenberg CJ, Aransky KM, Reto CS (1995) Adult attachment style, reported childhood violence history and types of dissociation. Dissociation, 1711, 142–154.

Courtois CA, Ford JD, Cloitre M (2009) Best practices in psychotherapy for adults. In CA Courtois, JD Ford (Eds.). Treating complex traumatic stress disorders: An evidence-based guide (pp. 82–103). New York: The Guilford Press.

Dalenberg CJ, Bethany L, Brand BL, David H, Gleaves DH, Dorahy MJ, Loewenstein RJ, Cardena E, Frewen PA, Carlson EB, Spiegel D (2012) Evaluation of the Evidence for the Trauma and Fantasy Models of Dissociation. Psychological Bulletin, 138, 3, 550–588.

Dammann G, Overkamp B (2003) Diagnose, Differentialdiagnose und Komorbidität bei dissoziativen Störungen. In L Reddemann, A Hofmann, U. Gast (Eds.), Psychotherapie der dissoziativen Störungen (pp. 3–25). Stuttgart, New York: Thieme.

Daniels, J. (2008) Sekundäre Traumatisierung. Psychotherapeut, 53(2), 100–107.

Darves-Bornoz JM, Berger C, Degiovanni A, Gaillard P, Lepine JP (1999) Similarities and differences between incestuous and nonincestuous rape in a French follow-up study. Journal of traumatic stress, 12(4), 613–623.

Dell PF (2000) The multidimensional Assessement of dissociation (MAD): A new Measurement of dissociation. Paper presented at the 17th annual fall conference of the international Society for the Study of Dissociation. San Antonio, Texas, November 12–14.

Dell PF (2001) Why the diagnostic criteria for dissociative identity disorder should be changed. Journal of Trauma & Dissociation, 2, 7–37.

Dell PF (2002) Dissociative phenomenology of dissociative identity disorder. Journal of Nervous and Mental Disease, 190(1), 10–15.

Dell PF (2006a) A new model of dissociative identity disorder. Psychiatric Clinics of North America, 29(1), 1–26.

Dell PF (2006b) The Multidimensinal Inventory of Dissociation (MID) – A comprehensive measure of pathological dissociation. Journal of Trauma & Dissociation, 7(2), 77–106.

Dell PF (2009a) The Phenomena of Pathological Dissociation. In PF Dell, JA O' Neil (Eds.), Dissociation and the Dissociative Disorders (pp. 228–233). Routledge: Chapman & Hall.

Dell PF (2009b) The long struggle to diagnose multiple personality disorder (MPD): MPD. In: Dell PF, O'Neil JA (Eds.) Dissociation and the Dissociative Disorders: DSM-V and Beyond. New York: Routledge; 2009:383–402.

Dell PF, Somer E, Gast U, Cooper MA, Lauterbach D (2001) International Research with the multidimensional inventory of dissociation (MID). Symposium. Papers presented at the 18th annual fall conference of the International Society for the Study of Dissociation. New Orleans, Louisiana, December 2–4.

Dell PF (1998) Axis II pathology in outpatients with dissociative identity disorder. Journal of Nervous and Mental Disease, 186, 352–356.

Despine, P. (1840) De l'emploi du magnetisme animal et des eaux minerales dans le traitment des maladies nerveuses, suivi d'une observation très curieuse de guerisonde nevropathie. Paris: Germer, Bailliere.

Deutschsprachige Gesellschaft für Psychotraumatologie. Positionspapier: Psychotraumatologische Versorgung und Forschung in Deutschland, Österreich und in der Schweiz. Version 1/2013. http://www.degpt.de/ueber-die-degpt/degpt-¬positionspapier.html. Zugriff am 20.11.2016.

Dilling H, Mombour W, Schmidt MH (2011) Internationale Klassifikation psychischer Störungen, ICD-10 Kapitel V (F), Klinisch-diagnostische Leitlinien, Huber, Bern.

Diseth TH (2006) Dissociation following traumatic medical treatment procedures in childhood: a longitudinal follow-up. Developmental Psychopathology. 18 (1), 233–251.

DiTomasso MJ, Routh DK (1993) Recall of abuse in childhood and three measures of dissociation. Child Abuse & Neglect, 17, 477–485.

Draijer N, Boon S (1999) Imitation of Dissociative Identity Disorder: Patients at Risk, Therapists at Risk, The. J. Psychiatry & L., 27, 423.

Draijer N, Langeland W (1999) Childhood trauma and perceived parental dysfunction in the etiology of dissociative symptoms in psychiatric inpatients. American Journal of Psychiatry, 156(3), 379–385.

Drebes S, Gast U (2009) Dissoziative Störungen. In: Arolt, Kersting: Psychotherapie in der Psychiatrie. Springer, S. 313–333.

Dutra L, Bureau JF, Holmes B, Lyubchik A, Lyons-Ruth K (2009) Quality of early care and childhood trauma: A prospective study of developmental pathways to dissociation. The Journal of nervous and mental disease, 197(6), 383.

Dutra L, Lyons-Ruth K (2005) Maltreatment, maternal and child psychopathology, and quality of early care as predictors of adolescent dissociation. In: Borelli J (Ed.) Interrelations of attachment and trauma symptoms: A developmental perspective; Symposium conducted at the biennial meeting of the Society for Research in Child Development; Atlanta, GA. 2005, April; Chair.

Ebner-Priemer UW, Mauchnik J, Kleindienst N, Schmahl C, Peper M, Rosenthal MZ, … Bohus M (2009) Emotional learning during dissociative states in borderline personality disorder. Journal of psychiatry & neuroscience: JPN, 34(3), 214.

Ehling T, Nijenhuis ERS, Krikke AP (2007) Volume of discrete brain structures in complex dissociative disorders: preliminary findings. Progress in Brain Research, 167, 307–310.

Ellason JW, Ross CA, Fuchs DL (1996) Lifetime Axis I and II Comorbidity and Childhood Trauma History in Dissociative Identity Disorder. Psychiatry, 59, 255–266.

Ellenberger HF (1996) Die Entdeckung des Unbewußten. Bern: Huber.

Falkai P, Wittchen H U (Hrsg) (2015) Diagnostisches und statistisches Manual psychischer Störungen DSM-5. Göttingen: Hogrefe.

Farley M, Keaney JC (1997) Physical symptoms, somatization, and dissociation in women survivors of childhood sexual assault. Women & Health, 25(3), 33–45.

Ferguson KS, Dacey CM (1997) Anxiety, depression, and dissociation in women health care providers reporting a history of childhood psychological abuse. Child abuse & Neglect, 21(10), 941–952.

Flatten G, Gast U, Hofmann A, Knaevelsrud Ch, Lampe A, Liebermann P, Maercker A, Reddemann L, Wöller W (2011) S3-Leitlinie Posttraumatische Belastungsstörung. Trauma & Gewalt, 3, 202–210.

Flatten G, Gast U, Hofmann A, Knaevelsrud C, Lampe A, Liebermann P, Maercker A, Reddemann L, Wöller W (2013) Posttraumatische Belastungsstörung. S3-Leitlinie und Quellentexte. Stuttgart: Schattauer.

Fliß C, Igney C (2008) Handbuch Trauma und Dissoziation. Interdisziplinäre Kooperation für komplex traumatisierte Menschen. Berlin u. a.: Pabst Science Publishers.

Fiedler P (1999) Dissoziative Störungen und Konversion. Weinheim: Beltz.

Foote B, Smolin Y, Neft DI, Lipschitz D (2008) Dissociative disorders and suicidality in psychiatric outpatients. The Journal of nervous and mental disease, 196(1), 29–36.

Freyberger HJ, Spitzer C, Stieglitz RD et al. (1998) Fragebogen zu dissoziativen Symptomen (FDS). Deutsche Adaption, Reliabilität und Validität der deutschen Dissociative Experiences Scale (DES). Psychotherapie, Psychosomatik, Medizinische Psychologie, 48, 223–229.

Freyberger HJ, Spitzer C, Gast U, Rodewald F, Wilhelm-Gößling C, Emrich HM (2007) Die multiple Persönlichkeit ist eine Mode aber keine Krankheit – Pro und Contra. Psychiatrische Praxis, 34, 266–275.

Freud S (1912/1975) Einige Bemerkungen über den Begriff des Unbewußten in der Psychoanalyse. In: Sigmund Freud. Studienausgabe. Psychologie des Unbewußten (Band III). herausgegeben von A Mitcherlich, A Richards, J Strachey. Frankfurt/Main: Fischer-Verlag.

Freud S., Breuer J (1895/1987) Studien über Hysterie. Frankfurt /M.: Fischer.

Fröhling U (1993) Ich bin viele. COSMOPOLITAN, 11.1993.

Fröhling U (1997/2002) Die Multiple Persönlichkeitsstörung im Zerr-Spiegel des Feuilletons. MPS-Infobrief 9/97, update 5/2002. www.dissoc.de/02-05.html. Zugriff am 27.09.2016.

Fröhling U (2008) Vater unser in der Hölle: Durch Inzest und den Missbrauch in einer satanistischen Sekte zerbrach Angelas Seele. Bastei Lübbe.

Gast U (2004a). Der psychodynamische Ansatz zur Behandlung komplexer Dissoziativer Störungen. In: A. Eckhardt-Henn, SO Hoffmann (Hrsg.) Diagnostik und Behandlung Dissoziativer Störungen (S. 395–422). Stuttgart: Schattauer.

Gast U (2004b) Umgang mit Dissoziation in der Borderline-Therapie. Persönlichkeitsstörung (S. 23–30). Stuttgart: Schattauer.

Gast U (2011) Dissoziative Identitätsstörung – valides und dennoch reformbedürftiges Konzept. In: Reddemann L, Hofmann A, Gast U (Hrsg.) Psychotherapie der dissoziativen Störungen. Stuttgart: Thieme 2011, S. 24–35.

Gast U, Rodewald F, Nickel V, Emrich H (2001b). Prevalence of dissociative disorders among psychiatric inpatients in a German university clinic. Journal of Nervous and Mental Disease, 189(4), 249–257.

Gast U, Rodewald F, Kersting A, Emrich HM (2001a) Diagnostik und Therapie dissoziativer (Identitäts-)Störungen. Psychotherapeut, 46, 289–300.

Gast U, Rodewald F, Hofmann A, Mattheß H, Nijenhuis E, Reddemann L, Emrich HM (2006) Die dissoziative Identitätsstörung – häufig fehldiagnostiziert. Deutsches Ärzteblatt, 47, 3193–3200.

Gast U, Rodewald F (2011) Prävalenz dissoziativer Störungen. In: Reddemann L, Hofmann A, Gast U (Hrsg.) Psychotherapie der dissoziativen Störungen. Stuttgart: Thieme 2011, S. 36–46.

Gast U, Wirtz G (Hrsg.) (2016) Dissoziative Identitätsstörung bei Erwachsenen. Expertenempfehlungen und Praxisbeispiele. Stuttgart: Klett-Cotta.

Ginzburg K, Somer E, Tamarkin G, Kramer L (2010) Clandestine psychopathology: unrecognized dissociative disorders in inpatient psychiatry. Journal of Nervous and Mental Disease, 198, 378–81.

Gleaves DH (1996) The sociocognitive model of dissociative identity disorder: a reexamination of the evidence. Psychological Bulletin, 120(1), 42–59.

Gleaves DH, May M, Cardena E (2001) An examination of the diagnostic validity of dissociative identity disorder. Clinical Psychological Review, 21(4), 577–608.

Grawe K (2004) Neuropsychotherapie. Göttingen. Hogrefe.

Habetha S, Bleich S, Sievers C, Marschall U, Weidenhammer J, Jörg M, Fegert JM (2012) Deutsche Traumafolgekostenstudie. Kein Kind mehr – kein(e) Trauma (kosten) mehr? Kiel: Schmidt & Klaunig.

Hacking I (1996) Multiple Persönlichkeit (Zur Geschichte der Seele in der Moderne). München: Carl Hanser.

Haddock DB (2001) The dissociative identity disorder sourcebook. New York: Contemporary Books.

Haferkamp L, Bebermeier A, Möllering A, Neuner F (2015) Dissociation is associated with emotional maltreatment in a sample of traumatized women with a history of child abuse. Journal of Trauma & Dissociation, 1, 16(1), 86–99.

Hall J, Olabi B, Lawrie SM, McIntosh AM (2010) Hippocampal and amygdala volumes in borderline personality disorder: A meta-analysis of magnetic resonance imaging studies. Personality and Mental Health, 4(3), 172–179.

Halligan SL, Michael T, Clark DM, Ehlers A (2003). Posttraumatic stress disorder following assault: The role of cognitive processing, trauma memory, and appraisals. Journal of Consulting and Clinical Psychology, 71, 419–431. doi:10.1037/0022-006X.71.3.419

Harriman PL (1942) The experimental production of some phenomena related to multiple personality. Journal of Abnormal and Social Psychology, 37, 244–255.

Häuser W, Schmutzer G, Brähler E, Glaesmer H (2011) Misshandlungen in Kindheit und Jugend: Ergebnisse einer Umfrage in einer repräsentativen Stichprobe der deutschen Bevölkerung. Deutsches Ärzteblatt, 108, 17, 287–294.

Hermann JL (1992) Trauma and recovery. New York: Basic Books. (Dt. Fassung: siehe Hermann, Die Narben der Gewalt. Traumatische Erfahrungen verstehen und überwinden. Junfermann Paderborn, 2006).

Hofmann A, Gast U, Mattheß H, Huber M (2011) Therapieeinschätzungsskala TES. Reddemann L, Hofmann A, Gast U (Hrsg.) Psychotherapie der dissoziativen Störung (S. 200–208). Stuttgart: Thieme.

Huber M (1995) Multiple Persönlichkeit – Überlebende extremer Gewalt. Ein Handbuch. Frankfurt/M. Fischer.

Huber M (2003) Trauma und die Folgen (Trauma und Traumabehandlung – Teil 1). Paderborn: Junfermann.

Huber M (2010) Multiple Persönlichkeiten: Seelische Zersplitterung nach Gewalt. Paderborn: Junfermann.

Hulette AC, Freyd JJ, Fisher PA (2011) Dissociation in middle childhood among foster children with early maltreatment experiences. Child abuse & neglect, 35 (2), 123.

International Society for the Study of Trauma and Dissociation. www.isstd.org. Zugriff am 20.11.2016.

ISSTD (International Society for the Study of Trauma and Dissociation) (2011) Guidelines for Treating Dissociative Identity Disorder in Adults, Third Revision. Journal of Trauma & Dissociation, 12(2), 115–187. Deutsche Bearbeitung Gast U, Wirtz G (2016).

Irle E, Lange C, Weniger G, Sachsse U (2007) Size abnormalities of the superior parietal cortices are related to dissociation in borderline personality disorder. Psychiatry Research: Neuroimaging, 156(2), 139–149.

Irwin HJ (1999) Pathological and nonpathological dissociation: The relevance of childhood trauma. The Journal of psychology, 133(2), 157–164.

Irwin HJ (1996) Childhood antecedents of out-of-body and Déjà Vu experiences. Journal of the American Society for Psychical Research.

Janet P (1889/1973) L´ automatisme psychologique. (psychologischer Automatismus) Paris: Félix Alcan, 1889. Reprint: Société Pierre Janet, Paris, 1889/1973.

Janet P (1898) Névroses et idées fixes. Vol. 1. Felix Alcan, Paris.

Janet P (1887) L'anesthésie systématisée et la dissociation des phénomènes psychologiques. Raw Philosophique, 23, 449–472.

Janet P (1907) The Major Symptoms of Hysteria. Macmillan, London/New York. Second edition with new matter: 1920. Reprint of 1920-edition: Hafner, New York, 1965. Janet P (1909a) Les névroses, Flammarion, Paris.

Johnson J, Cohen P, Kasen S, Brook J (2006) Dissociative disorders among adults in the community, impaired functioning, and axis I and II comorbidity. Journal of Psychiatric Research, 40(2), 131–140.

Jones, E. (1960) Das Leben und Werk von Sigmund Freud. Band 1, Bern.

Karl A, Schaefer M, Malta LS, Dörfel D, Rohleder N, Werner A (2006) A meta-analysis of structural brain abnormalities in PTSD. Neuroscience & Biobehavioral Reviews, 30(7), 1004–1031.

Kirby JS, Chu JA, Dill DL (1993) Correlates of dissociative symptomatology in patients with physical and sexual abuse histories. Comprehensive Psychiatry, 34(4), 258–263.

Kissenberg A, Eckers D (2011) Behandlung von Kindern In: Reddemann L, Hofmann A, Gast U (Hrsg.) Lindauer Psychotherapie-Module: Dissoziative Störungen, 3. Auflage, S. 164–174. Stuttgart: Thieme

Kluft, RP (2014) Pacing in der Traumatherapie. Verarbeitung der traumatischen Erinnerungen bei dissoziativen Störungen mit der Technik der Fraktionierten Abreaktion. Lichtenau/Westfalen: Probst. (Originalfassung: Shelter from the Storm. Processing the Traumatic Memories of DID/DDNOS Patients with Fractionated Abreaction Technique. Create-Space Independent Publishing Platform 2013)

Kluft RP (1996) Dissociative identity disorder. In Michelson LK, Ray WJ (Eds.) Handbook of Dissociation. Theoretical, empirical, and clinical Perspective. New York, Plenum Press, 344–366.

Kluft RP (2009) A clinician's understanding of dissociation: Fragments of an acquaintance. In PF Dell, JA O'Neil (Hrsg.) Dissociation and the dissociative disorders: DSM-V and beyond (pp. 599–624). New York, Routledge, 2009.

Kluft RP (1989) Reflections on the traumatic memories of dissociative identity disorder patients. In SJ Lynn, K McConky (Hrsg.) Truth in memory. New York: Guilford, 1998.

Kluft RP (1993a) The initial stages of psychotherapy in the treatment of multiple personality disorder. Dissociation, 6, 145–161.

Kluft RP (1993b) Clinical approaches to the integration of personalities. In: RP Kluft, CG Fine (Eds.) Clinical perspectives on multiple personality disorder (pp. 101–133). Washington, DC: American Psychiatric Press.

Kluft RP (1998) Reflections on the traumatic memories of dissociative identity disorder patients. In: SJ Lynn, K McConky (Eds.) Truth in memory. New York: Guilford, 1998.

Kluft RP (2011) Die Behandlung der Dissoziativen Identitätsstörung aus psychodynamischer Sicht. In: L Reddemann, A Hofmann, U Gast (Eds.) Psychotherapie der dissoziativen Störungen (pp. 3–25). Stuttgart, New York: Thieme.

Kluft RP (1988a) The Phenomenology and Treatment of Extremely Complex Multiple Personality Disorder. Dissociation, 1, 47–58.

Kluft RP (1988b) Reflections on the traumatic memories of dissociative identity disorder patients. In: SJ Lynn, KM McConkey (Eds.) Truth in memory (pp. 304–322). New York: Gulidford.

Korzewa MI, Dell PF, Links PS, Thabane L, Fougere P (2009) Dissociation in borderline personality disorder: A detailed look. Journal of Trauma & Dissociation, 10, 346–367.

Kownatzki R, Eilhardt S, Hahn B, Kownatzki A, Fröhling U, Huber M, ... Gast U (2012) Rituelle Gewalt. Psychotherapeut, 57(1), 70–76.

Kroll J, Fiszdon J, Crosby RD (1996) Childhood abuse and three measures of altered states of consciousness (dissociation, absorption and mysticism) in a female outpatient sample. Journal of personality disorders, 10(4), 345–354.

Kuballa F (2003) Multiple Persönlichkeitsstörung – Wahn der Therapeuten? ARD-Beitrag, siehe auch Pressemitteilung der ISSD 2003: www.dissoc.de/03-03-06.¬ html. Zugriff am 20.11.2016.

Laporte L, Paris J, Guttman H, Russell J (2011) Psychopathology, childhood trauma, and personality traits in patients with borderline personality disorder and their sisters. Journal of personality disorders, 25(4), 448–462.

Lau J (1997) Die neueste Stimmung im Westen: Die vollends aufgeklärte Welt strahlt im Zeichen einer neuen Hysterie, DIE ZEIT, 13.07.1997.

Linden M, Strauß B (2013) Risiken und Nebenwirkungen von Psychotherapie: Erfassung, Bewältigung, Risikovermeidung. PSYCH up2date, 7(04), 203.

Liotti G (1992) Disorganized/ disoriented attachment in the etiology of the dissociative disorders. Dissociation, 5, 196–204.

Liotti G (1993) Disorganized attachment and dissociative experiences: An illustration of the developmental-ethological approach to cognitive therapy. In: H Rosen, KT Kuehlwein (Eds.) Cognivite therapie in action (pp. 213–239). San Francisco, CA: Jossey-Bass.

Liotti G (1999) Disorganization of attachement as a model of understanding dissociative psychopathology. In J Solomon, C George (Ed.) Attachement Disorganization (291–317). New York: Guilford.

Liotti G (in press) Disorganized/disoriented attachment in the psychotherapy of the dissociative disorders. In: S Goldberg, R Muir, J Kerr (Eds.), Attachment theory: Historical, developmental and clinical signifiance. Hillsdale, NJ: Analytic Press, Inc.

Lipschitz DS, Kaplan ML, Sorkenn J, Chorney P, Asnins GM (1996) Childhood abuse, adult assault, and dissociation. Comprehensive Psychiatry, 37, 261–266.

Lilienfeld S, Lynn S, Kirsch I, Chaves J, Sarbin T, Ganaway G, et al. (1999) Dissociative identity disorder and the sociocognitive model: recalling the lessons of the past. Psychological Bulletin, 125(5), 507–523.

Loewenstein RJ (1994) Diagnosis, epidemiology, clinical course, treatment and costeffec-tiveness of treatment for dissociative disorders and MPD: Report submitted to the Clinton-Administration Task Force on Health Care Financing Reform. Dissociation, 7, 10–25.

Loewenstein RJ (2007) Dissociative Identity Disorder. Traumatic dissociation: Neurobiology and treatment, 275.

Loewenstein RJ (1991) An office mental status examination for complex chronic dissociative symptoms and multiple personality disorder. Psychiatric Clinics of North America.

Main M, Morgan, H. (1996) Disorganization and disorientation in infant Strange Situation behavior: Phenotypic resemblance to dissociative states? In: L Michelson, W Ray (Eds.) Handbook of dissociation. New York: Plenum Press (p. 107–137).

Main M, Hesse ED (1992) Disorganized/disoriented infant behavior in the Strange Situation, lapses in the monitoring of reasoning and discourse during the parent's Adult Attachment Interview, and dissociative states. In M Ammaniti, D Stern (Eds.) Attachment and Psychoanalysis (pp. 86–140). Gius: Rome.

Main M, Hesse ED (1990) Parents' unresolved traumatic experiences are related to infant Disorganized attachment status: Is frightened and/or frightening parental behavior the linking mechanism? In: M Greenberg, D Cichetti, M Cummings (Eds.) Attachment in the Preschool Years. Chicago: Chicago University Press.

Macfie J, Toth SL, Rogosch FA, Robinson J, Emde RN, Cicchetti D. (1999) Effect of maltreatment on preschoolers' narrative representations of responses to relieve distress and of role reversal. Developmental Psychology, 35(2), 460.

Malinosky-Rummel RR, Hoier TS (1991) Validating measures of dissociation in sexually abused and nonabused children. Behavioral Assessment, 13, 341–357.

Maynes LC, Feinauer LL (1994) Acute and chronic dissociation and somatized anxiety as related to childhood sexual abuse. The American Journal of Family Therapy, 22(2), 165–175.

McFie JA (1999). The development of dissociation in maltreated preschoolers (child maltreatment, dissociative disorders, narratives). Dissertation Abstracts.

Michalzik P (1997) Ich sind zwei andere. Der Fall Sybil: Ist die multiple Persönlichkeit eine Erfindung? Süddeutsche Zeitung, 10.07.1997.

Michelson L, Ray W (1996) Handbook of dissociation. New York: Plenum Press

Mueller-Pfeiffer C, Rufibach K, Perron N, Wyss D, Kuenzler C, Prezewowsky C, Pitman RK, Rufer M (2012) Global functioning and disability in dissociative disorders, Psychiatry Research, 30, 200(2–3), 475–81. doi: 10.1016/j.psychres.2012.04.028.

Mulder RT, Beautrais AL, Joyce PR, Fergusson DM (1998) Relationship between dissociation, childhood sexual abuse, childhood physical abuse, and mental illness in a general population sample. American Journal of Psychiatry, 155, 806–811.

Myers CS (1940) Shell shock in France 1914–18. Cambridge: Cambridge University Press.

Neumann DA, Houskamp BM, Pollock VE, Briere J (1996) The long-term sequelae of childhood sexual abuse in women: A meta-analytic review. Child maltreatment, 1(1), 6–16.

Nick S, Richter-Appelt, H (2016) Zeugnisse der Wandlung: Integrationsprozesse von Frauen mit Dissoziativer Identitätsstörung. Eine qualitative Pilotstudie. Trauma & Gewalt 10(3), 218–229.

Nijenhuis ERS (1999) Dissociation involves the body as much as the mind: A review of studies into somatoform dissociation. Proceedings of the 6th European Conference on Traumatic Stress. Istanbul, Turkey, Juni 5–8, S. 67.

Nijenhuis ERS, Den Boer JA (2008) Psychobiology of traumatization and trauma-related structural dissociation of the personality. In: E Vermetten, MJ Dorahy, D Spiegel (Hrsg.) Traumatic dissociation: Neurobiology and treatment (S. 219–236). Washington, DC: American Psychiatric Publishing.

Nijenhuis ERS, Spinhoven P, Van Dyck, R, Van der Hart O, Vanderlinden J (1998b) Degree of somatoform and psychological dissociation in dissociative disorders is correlated with reported trauma. Journal of Traumatic Stress, 11, 711–730.

Nijenhuis ERS, Van der Hart O (2011) Dissociation in Trauma: A New Definition and Comparison with Previous Formulations. Journal of Trauma & Dissociation, 12:416–445.

Nijenhuis ERS, Van Der Hart O, Kruger K, Steele K (2004) Somatoform dissociation, reported abuse and animal defence-like reactions. Australian and New Zealand Journal of Psychiatry, 38(9), 678–686.

Nijenhuis ERS, Van der Hart O, Steele K (2003) Strukturelle Dissoziation der Persönlichkeitsstruktur, traumatischer Ursprung, phobische Residuen. In: L Reddemann, A Hofmann, U Gast (Hrsg.), Psychotherapie der dissoziativen Störung (pp. 3–26). Stuttgart: Thieme.

Nijenhuis E, Moreira-Almeida A, Lewis-Fernandez R, Moskowitz A (2014) Proposals and evidence for the ICD-11 classification of Dissociative Disorders. World Congress of Psychiatry 14.–18. September 2014.

Noll, J. G., Trickett, P. K., Putnam, F. W. (2003). A prospective investigation of the impact of childhood sexual abuse on the development of sexuality. *Journal of consulting and clinical psychology*, 71(3), 575.

Ogawa J, Sroufe LA, Weinfield NS, Carlson E, Egeland B (1997) Development and the fragmented self: A longitudinal sudy of dissociative symptomatology in a non-clinical sample. Development and Psychopathology, 9, 855–1164.

Overkamp B (2005) Differentialdiagnostik der dissoziativen Identitätsstörung (DIS) in Deutschland – Validierung der Dissociative Disorders Interview Schedule (DDIS). Dissertation, Universität München.

Pape W, Wöller W (2015) Niedrig dosiertes Naltrexon in der Behandlung dissoziativer Symptome. Nervenarzt 86, 346–351.

Paulus J (1995) Wenn Ich ein Plural ist. DIE ZEIT, 13.01.1995.

Plumer WS (1860) Mary Reynolds: a case of double consciousness. Harper's Magazine, 20, 807–12.

Prince M (1906) Dissociation of personality. New York: Longman, Green.

Prince M (1905) The Dissociation of a Personality: A Biographical Study in Abnormal Psychology. The University Press, Cambridge, USA.

Putnam FW (1994) Dissociation and disturbances of self. In: D Cicchetti, SL Toth (Eds.) Rochester symposium on developmental psychopathology: Disorders and dysfunctions of the self (Vol. 5, pp. 251–265). New York: University of Rochester Press.

Putnam FW (2003) Die Dissoziative Identitätsstörung. Paderborn: Junfermann. (Original: Putnam FW (1989) Diagnosis and treatment of Multiple Personality Disorder. New York: Guilford Press.

Putnam FW, Guroff J, Silberman E, Barban L, Post, R (1986) The clinical phenomenology of multiple personality disorder: review of 100 recent cases. Journal of Clinical Psychiatry, 47(6), 285–293.

Pribor EF, Yutzy SH, Dean JT, Wetzel RD (1993) Briquet's syndrome, dissociation and abuse. American Journal of Psychiatry, 150, 1507–1511.

Reddemann L, Hofmann A, Gast U (2011) (Eds.) Psychotherapie der dissoziativen Störung (pp. 3–26). Stuttgart: Thieme.

Reddemann L, Sachsse U (1997) Traumazentrierte Psychotherapie I: Stabilisierung. Persönlichkeitsstörungen, PTT 1(3), 113–147.

Reinders AS (2008) Cross-examining dissociative identity disorder: neuroimaging and etiology on trial. Neurocase, 14(1), 44–53.

Reinders AA, Nijenhuis ERS, Quak J, Korf J, Haaksma J, et al. (2006) Psychobiological characteristics of dissociative identity disorder: a symptom provocation study. Biological Psychiatry, 60, 730–740.

Rodewald F, Fellensiek E, Gast U (2006) Dissoziative Störungen und Komorbiditäten bei allgemein-psychiatrischen Patienten. Vortrag gehalten auf der 8. Jahrestagung der Deutschsprachigen Gesellschaft für Psychotraumatologie (DeGPT) am 12.05.2006 in Hannover.

Rodewald F (2005) Diagnostik dissoziativer Störungen. Dissertation. Hannover

Rodewald F, Wilhelm-Gössling C, Emrich HM, Reddemann L, Gast U (2011b) Axis-I comorbidity in female patients with dissociative identity disorder and dissociative identity disorder not otherwise specified. Journal of Nervous and Mental Disease, 199, 122–131.

Roesler TA, McKenzie N (1994) Effects of childhood trauma on psychological functioning in adults sexually abused as children. Journal of Nervous and Mental Disease, 182(3), 145–150.

Ross CA, Anderson G, Fleisher WP., Norton GR (1991) The frequency of multiple personality disorder among psychiatric inpatients. American Journal of Psychiatry, 150, 1717–1720.

Ross CA, Dua V (1993) Psychiatric health care costs of multiple personality disorder. American Journal of Psychotherapy, 47, 103–112.

Ross CA, Norton GR, Womey K (1989) Multiple personality disorder: an analysis of 236 cases. Canadian Journal of Psychiatry, 34, 413–418.

Ross CA, Norton GR (1988a) Multiple Personality Disorder Patients with a prior Diagnosis of Schizophrenia. Dissociation, 1, 39–42.

Ross CA (1997) Multiple Personality Disorder. Diagnosis, Clinical Features, and Treatment (Vol. 2). New York: Wiley.

Runder Tisch (2011) Sexueller Kindesmissbrauch in Abhängigkeits- und Machtverhältnissen in privaten und öffentlichen Einrichtungen und im familiären Bereich: Abschlussbericht. Drucksache 17/8117 – 24 – Deutscher Bundestag – 17. Wahlperiode. https://www.bmfsfj.de/blob/93204/2a2c26eb1dd477abc63¬a6025bb1b24b9/abschlussbericht-runder-tisch-sexueller-kindesmissbrauch-¬data.pdf. Zugriff am 20.11.2016.

Ruocco AC, Medaglia JD, Tinke, JR, Ayaz H, Forman EM, Newman CF, … Chute DL (2010) Medial prefrontal cortex hyperactivation during social exclusion in borderline personality disorder. Psychiatry Research: Neuroimaging, 181(3), 233–236.

Sack M, Sachsse U (Eds.) (2013) Komplexe Traumafolgestörungen: Diagnostik und Behandlung von Folgen schwerer Gewalt und Vernachlässigung. Schattauer Verlag.

Sanders B, Giolas M (1991) Dissociation and childhood trau-ma in psychologically disturbed adolescents. American Journal of Psychiatry, 148, 50–54.

Sachsse U (2004) Traumazentrierte Psychotherapie. Stuttgart, New York: Schattauer.

Şar V, Tutkun H, Alyanak B, Bakim B, Baral I (2000) Frequency of dissociative disorders among psychiatric outpatients in Turkey. Comprehensive Psychiatry, 41, 216–22.

Şar V, Kundakci T, Kiziltan E, et al. (2003) The Axis-I dissociative disorder comorbidity of borderline personality disorder among psychiatric outpatients. Journal of Trauma & Dissociation, 4, 119–36.

Şar V, Akyüz G, Doğan O (2007) Prevalence of dissociative disorders among women in the general population. Psychiatry Research, 149,169–76.

Şar V (2011) Epidemiology of dissociative disorders: An overview. Epidemiology Research International, 2011.

Saxe G, Van der Kolk B, Berkowitz R, Chinman G, Hall K, Lieberg G et al. (1993) Dissociative disorders in psychiatric inpatients. American Journal of Psychiatry, 150(7), 1037–1042.

Saß H, Wittchen H-U, Zaudig M, Houben I (2003) Diagnostisches und Statistisches Manual Psychischer Störungen, Textrevision, DSM-IV-TR. Göttingen: Hogrefe.

Schleu A, Hillebrandt V, Kacmarek S, Strauß B (2013) Patientenbeschwerden über psychotherapeutische Behandlungen. In: Linden M, Strauß B (Hrsg.) Risiken und Nebenwirkungen von Psychotherapie. Berlin: Medizinische Verlagsgesellschaften. (S. 87–99).

Schleu A, Gutmann T (2015) Zivilrechtlicher Vergleich als Lösungsweg nach sexueller Grenzverletzung in der Psychotherapie. Psychotherapeut 60(3), 239–244.

Schneider W (2013) Nebenwirkungen von Psychotherapie beim Psychotherapeuten. In: Linden M, Strauß B (Hrsg.) Risiken und Nebenwirkungen von Psychotherapie. Berlin: Medizinische Verlagsgesellschaften. S. 137–148.

Schore AN (2013) Relational Trauma, Brain Development, and Dissociation. Treating Complex Traumatic Stress Disorders in Children and Adolescents: Scientific Foundations and Therapeutic Models, 1.

Schreiber, F.R. (1977) Sybil. Persönlichkeitsspaltung einer Frau. Kindler. München Original: Sybil (1973). Chicago: Regnery.

Schulte JG, Dinwiddie SH, Pribor EF, Yutzy SH (1995) Psychiatric diagnoses of adult male victims of childhood sexual abuse. The Journal of nervous and mental disease, 183(2), 111–112.

Sielberg J (1998). The dissociative Child: Diagnosis, treatment and management. Lutherville: Sidran Press

Schmahl C, Bohus M, Esposito F, Treede RD, Di Salle F, Greffrath W, ... Seifritz E (2006) Neural correlates of antinociception in borderline personality disorder. Archives of General Psychiatry, 63(6), 659.

Schlumpf YR, Nijenhuis ER, Chalavi S, Weder EV, Zimmermann E, Luechinger R, ... Jäncke L (2013) Dissociative part-dependent biopsychosocial reactions to backward masked angry and neutral faces: An fMRI study of dissociative identity disorder. NeuroImage: Clinical.

Schomerus G (2013) Stigmatisierung der Opfer von Kindesmisshandlung. In: Spitzer C, Grabe HJ (Hg.) Kindesmißhandlung. Psychische und körperliche Folgen im Erwachsenenalter (S. 413–420). Stuttgart: Kohlhammer.

Stevenson RL (2004) Der seltsame Fall von Dr. Jekyll und Mr. Hyde. (Originaltitel: The Strange Case of Dr. Jekyll and Mr. Hyde,1886). Deutsch von Grete Rambach. Insel-Verlag, Frankfurt am Main und Leipzig.

Schultz R, Braun BG, Kluft RP (1989) Multiple personality disorder: Phenomenology of selected variables in comparison to major depression. Dissociation, 2, 45–51.

Spitzer C, Freyberger HJ, Kessler CH (1994). Der Fragebogen zu Dissoziativen Symptomen – ein Screening-Instrument für Dissoziative Störungen in der Neurologie und Psychiatrie. Aktuelle Neurologie, 21, (Sonderheft 1), 21–22.

Simm M (1997) Trau keinem – nicht einmal Dir selbst. Frankfurter Rundschau, 26.07.1997

Steele K, Van der Hart O, Nijenhuis ERS (2009) The Theory of Trauma-Related Structural Dissociation of the Personality. In: PF Dell, JA O'Neil (Hrsg.) Dissociation and the Dissociative Disorders: DSM-V and Beyond (S. 240–250), Routledge: Chapman & Hall.

Steinberg M (1994a) The Structured Clinical Interview for DSM-IV Dissociative Disorders-Revised (SCID-D). Washington, D. C., American Psychiatric Press. Deutsche Bearbeitung: Gast U, Oswald T, Zündorf F, Hofmann A (1999) SKID-D – Strukturiertes Klinisches Interview für dissoziative Störungen. Hogrefe, Göttingen.

Steinberg M (1994b) The Interviewer's Guide to the Structured Clinical Interview for DSM-IV Dissociative Disorders – Revised. Washington, D. C., American

Psychiatric Press. Deutsche Bearbeitung: Gast U, Oswald T, Zündorf F, Hofmann A (1999) Manual zum Strukturierten Klinischen Interview für DSM-IV – Dissoziative Störungen SCID-D. Hogrefe, Göttingen.

Steinberg M (1995) Handbook for the assessment of dissociation. A clinical guide. Washington DC: American Psychiatric Press.

Steinberg M, Cicchetti D, Buchanan J, Hall P, Rounsaville B (1993). Clinical assessment of dissociative symptoms and disorders: The Structured Clinical Interview for DSM-IV Dissociative Disorders (SCID-D). Dissociation, 6, 3–15.

Steinberg M, Hall P, Lareau C, Cicchetti D. (2000) Recognizing the Validity of Dissociative Symptoms Using the Scid-DR: Guidelines for Clinical and Forensic Evaluations. C. Cal. Interdisc. LJ, 10, 225.

Stiglmayr C, Schmahl C, Bremner JD, Bohus M, Ebner-Priemer U (2009) Development and psychometric characteristics of the DSS-4 as a short instrument to assess dissociative experience during neuropsychological experiments. Psychopathology, 42(6), 370–374.

Stingelin M (1997) Evas viele Gesichter. Multiple Persönlichkeitsstörung: Neues über ihre Anfänge, Frankfurter Allgemeine Zeitung, 21.06.1997.

Sutcliff JP, Jones J (1962) Personal identity, multiple personality, and hypnosis. International Journal of Clinical and Experimental Hypnosis, 10, 231–269.

Tamar-Gurol D, Şar V, Karadag F, Evren C, Karagoz M (2008) Childhood emotional abuse, dissociation, and suicidality among patients with drug dependency in Turkey. Psychiatry and Clinical Neuroscience, 62, 540–7.

Taylor WS, Martin MF (1944) Multiple personality. Journal of Abnormal and Social Psychology, 281–300.

Teicher MH, Rabi K, Sheu YS, et al. (2010) Neurobiology of childhood trauma and adversity. In: Lanius RA, Vermetten E, Pain C (Hrsg.) The Impact of Early Life Trauma on Health and Disease: The Hidden Epidemic (S. 112–122). Cambridge: Cambridge University Press.

Teicher MH, Samson JA, Sheu YS, Polcari A, McGreenery CE (2010) Hurtful words: Exposure to peer verbal aggression is associated with elevated psychiatric symptom scores and corpus callosum abnormalities. The American journal of psychiatry, 167(12), 1464.

Teicher MH, Samson JA (2013) Childhood Maltreatment and Psychopathology: A Case for Ecophenotypic Variants as Clinically and Neurobiologically Distinct Subtypes. American Journal of Psychiatry, 170(10), 1114–1133.

Trickett PK, Noll JG, Putnam FW (2011) The impact of sexual abuse on female development: Lessons from a multigenerational, longitudinal research study. Development and Psychopathology, 23(2), 453.

Trickett PK, Noll JG, Reiffman A, Putnam FW (2001) Variants of intrafamilial sexual abuse experience: Implications for short- and long-term development. Development and Psychopathology, 13, 1001–1019.

Tölle R (1997) Persönlichkeitsvervielfältigung? Die sogenannte multiple Persönlichkeit oder dissoziative Identitätsstörung. Deutsches Ärzteblatt, 94,1868–1870.

Thigpen CH, Cleckley H (1954) A case of multiple personality. Journal of Abnormal and Social Psychology, 49, 135–151.

Thomas A (2001) Factitious and Malingered Dissociative Identity Disorder: Clinical Features Observed in 18 Cases. Journal of Trauma & Dissociation, 2, 59–78.

UNICEF (2003) UNICEF-Innocenti Report Card Nr. 5: A league table of child maltreatment deaths in rich nations.

Van Der Hart O, Nijenhuis E, Steele K, Brown D (2004) Trauma-related dissociation: conceptual clarity lost and found. Australian and New Zealand Journal of Psychiatry, 38(11–12), 906–914.

Van der Hart O, Nijenhuis ERS, Steele K (2008) Das verfolgte Selbst: Strukturelle Dissoziation und die Behandlung chronischer Traumatisierungen. Berlin, Junferman. Original: Van der Hart O, Nijenhuis ERS, Steele K (2006) The haunted self: structural dissociation and the treatment of chronic traumatization. New York, Norton.

Van der Hart O, Martin J, Dorahy MJ (2009) History of the Concept of Dissociation In: PF Dell, JA O'Neil (Eds.) Dissociation and the Dissociative Disorders (pp. 228–233). Routledge: Chapman & Hall.

Van der Hart O, Van der Kolk B, Boon S (1998) Treatment of dissociative disorders. In: JD Bremner, C Marmar (Eds.) Trauma, memory, and dissociation (pp. 253–283). Washington, DC: American Psychiatric Press.

Van der Kolk BA, Pelcovitz D, Roth S, Mandel FS (1996) Dissociation, somatization, and affect dysregulation: The complexity of adaption to trauma. American Journal of Psychiatry, 153, 83–93.

Vermetten E, Schmahl C, Lindner S, Loewenstein RJ, Bremner JD (2006) Hippocampal and amygdalar volumes in dissociative identity disorder. The American journal of psychiatry, 163(4), 630.

Wabnitz P, Gast U, Catani C (2013) Differences in trauma history and psychopathology between PTSD patients with and without co-occurring dissociative disorders. European Journal of Psychotraumatology. 26; 4. doi: 10.3402/ejpt. v4i0.21452.

Waldvogel B, Ullrich A, Strasburger H (2007) Blind und Sehend in Einer Person, Nervenarzt, 11, 1303–09.

Waller NG, Putnam FW, Carlson E (1996) Types of dissociation and dissociative types: A taxometric analysis of dissociative experiences. Psychological Methods, 1, 300–321.

Wampold, B. E. (2010). The basic of psychotherapy: An introduction to theory and practice Washington DC: American Psychological Association.

Wirtz G, Frommberger U (2013) Diagnostik Dissoziativer Störungen in der ambulanten und stationären Behandlung Theorie und Praxis, Trauma & Gewalt, 3, 182–192.

Wilhelm-Gößling C (2011) Stationäre und ambulante Behandlung komplexer dissoziativer Störungen (DIS, DDNOS) – am Beispiel Deutschlands. In: L Reddemann, A Hofmann, U Gast (Hrsg.) Psychotherapie der dissoziativen Störung (pp. 157–163). Stuttgart: Thieme.

World Health Organisation (1992) ICD-10. International statistical classification of diseases and related health problems. Geneva: WHO.

World Health Organisation (1975) ICD-9. International statistical classification of diseases and related health problems. Geneva: WHO.

Wöller W (2005) Traumawiederholung und Reviktimisierung nach körperlicher und sexueller Traumatisierung Fortschritte der Neurologie und Psychiatrie, 73, 83–90.

Wöller W (2013) Trauma und Persönlichkeitsstörungen. Ressourcenbasierte psychodynamische Therapie (RPT) für traumabedingte Persönlichkeitsstörungen. 2. Aufl. Stuttgart: Schattauer.

Wöller W, Leichsenring F, Leweke F, Kruse J (2012) Psychodynamic psychotherapy for posttraumatic stress disorder related to childhood abuse – Principles for a treatment manual. Bulletin of the Menninger Clinic, 76(1), 69–93.

Zlotnick C, Begin A, Shea MT, Pearlstein T, Simpson E (1994) The relationship between characteristics of sexual abuse and dissociative experiences. Comprehensive Psychiatry, 35, 465–470.

Zlotnick C, Shea TM, Pearlstein TB, Begin A, Simpson EB, Costello E (1996) Differences in dissociative experiences between survivors of childhood incest and survivors of assault in adulthood. Journal of Nervous and Mental Disease, 184, 52–54.

www.hilfeportal-missbrauch.de

Approbierte psychologische und ärztliche Psychotherapeutinnen und Psychotherapeuten mit und ohne Kassensitz können sich im Hilfeportal Sexueller Missbrauch des Unabhängigen Beauftragten für Fragen des sexuellen Kindesmissbrauchs kostenfrei registrieren, wenn sie Hilfe bei sexueller Gewalt anbieten können und möchten. Mit einer Registrierung ermöglichen sie, dass Betroffene über die Onlineplattform bundesweit schnell und einfach Hilfe finden. Vor Freischaltung der Daten wird ein Abgleich mit dem Bundesarztregister der Kassenärztlichen Bundesvereinigung (KBV) bzw. der jeweiligen Landespsychotherapeutenkammer oder Landesärztekammer vorgenommen.

Stichwortverzeichnis

Personenverzeichnis